«¡CRUCIFÍCALO!»

ANÁLISIS HISTÓRICO-LEGAL DE UN DEICIDIO

R.P. Dr. Javier Olivera Ravasi

«¡*CRUCIFÍCALO!*»

ANÁLISIS HISTÓRICO-LEGAL DE UN DEICIDIO

Prólogo del R.P. Horacio Bojorge

Katejon - Parresía ediciones

Olivera Ravasi, Javier

«¡Crucifícalo!» Análisis histórico-legal de un deicidio. –1era edición– Buenos Aires 2019, 97 pp: 14,8 x 20 cm.

PRÓLOGO

Por el R.P. Horacio Bojorge

Dice Santo Tomás de Aquino que la justicia se establece en el proceso. Consiguientemente, doble injusticia es la que comete un juez que procesa injustamente. Más grave aún es la injusticia que condena a muerte al inocente. Y la más atroz y suprema injusticia es la que se comete contra Dios.

El Padre Javier Olivera Ravasi convoca para una nueva instancia a un tribunal de apelación integrado por él y por otros tres jueces que han entendido en el más afamado juicio de la historia de la humanidad.

Son ellos Josef Blinzler y los hermanos Agustín y José Lémann, judíos conversos. Con ellos, nos ofrece hoy en este nuevo libro suyo, el análisis histórico-legal de la injusticia cometida por el tribunal que condenó a morir a Jesucristo. En esta nueva instancia nos reabre el expediente de ese inicuo proceso, –en este libro que es un juicio público y ante la sala del juzgado colmada por nuestra generación y nuestro tiempo– se lo descalifica una vez más.

Este tribunal, convocado y presidido por el Padre Olivera Ravasi, reconsidera ante nosotros las atrocidades acumuladas en un proceso tan injusto que uno se pregunta si no fue el peor que creaturas humanas hayan podido perpetrar. Los hermanos Lémann han señalado en él veintisiete irregularidades procesales invalidantes.

Y el Padre Olivera Ravasi estaba particularmente capacitado para convocar e integrar esta sala de justicia, para reexaminar el proceso y someterlo a juicio en una instancia histórica ulterior. Capacitado profesionalmente como Abogado y hombre de Derecho. Capacitado humana y católicamente por su pertenencia a la cultura hispana en su versión criolla. La tradición de la gran nación hispanoamericana, viva aún, a pesar de una conjura genocida, es portadora de un profundo y afinado sentido de la justicia y del honor debidos. En la gran nación hispanoamericana a la que pertenecen aún nuestras naciones, sobrevive todavía un instinto de justicia y una ciencia jurídica que se origina en los Fueros españoles, se plasma en las Partidas del Rey Alfonso el Sabio y alcanza cumbres inigualadas en la pléyade de juristas católicos del Consejo de Indias entre los que descuella Francisco de Vitoria y otros grandes juristas de la escuela de Salamanca.

No me ciega la amistad sino que afina mi percepción –ni me hace desistir el temor de herir la modestia del autor– para señalarle al lector que se asoma a las páginas de este libro lo que –precisamente gracias a la amistad– percibo. Y es un pulso de escritor –la lectura del texto es un deleite pues se lee como una crónica histórico-periodística de crimen– que conjuga lo que debe su autor a las condiciones de abogado, de historiador, de periodista, de hombre de confianza de Jesucristo elegido por eso para el sacerdocio, de hombre de fe, de teólogo y apologista defensor de la fe de los sencillos agredida (*Que no te la cuenten*).

¿Acaso todas esas capacitaciones apuntaban a su destinación para convocar y presidir este tribunal en la reapertura de este proceso?

Como los jueces y abogados construyen su fama en sus éxitos de juicios famosos; ¿no puede considerarse este libro, en su brevedad, como una cumbre entre los numerosos que el Padre Olivera Ravasi nos ha brindado hasta ahora? Mientras escribo se me evoca el velo de la Verónica, la que vino a enjugar el rostro escupido y difamado, a restaurar la fama del Dios y Hombre inocente, injustamente condenado como blasfemo, por el sólo hecho de revelar su verdadera identidad. También este libro repara y limpia la faz de Cristo de la injuria inferida.

Aparece este libro en tiempo de Cuaresma, Semana Santa y Pasión. Es de esas obras que no caducan sino que será siempre actual. Será una obra a la que volveremos siempre con provecho espiritual; en cada Cuaresma, en cada Semana Santa y en cada Viernes Santo. Este libro nos pondrá delante de "Aquél a Quien traspasaron" pero aún no lo tienen en cuenta. Aquél que, no obstante, ilumina el rostro de quienes lo contemplamos.

El injustamente condenado ha sido erigido por su Padre en Juez. Cada Viernes Santo somete a su pueblo a un interrogatorio y a un reproche que apunta a suscitar compunción y conversión:

Popule meus, quid feci tibi? Aut in quo contristavi te? Responde mihi.

¡Pueblo mío! ¿Qué te he hecho? ¿O en qué te he contristado? ¡Respóndeme! (Miqueas 6,3)

La demanda de Dios está entablada. Los improperios de cada Viernes Santo vuelven a establecer el interrogatorio judicial divino. Parece percibirse el silencio expectante de los coros angélicos aguardan la respuesta de los demandados.

Me entero, por estas páginas que, en vano, se ha solicitado por lo menos dos veces, la revisión y la revocación del juicio. Es, pues, una causa pendiente, cuya reconsideración y revocación aguarda Dios expectante, y con él sus Ángeles y sus Hijos, y la Iglesia Esposa.

Es Dios mismo quien mantiene abierta la causa contra los jueces injustos de todos los tiempos.

R.P. Horacio Bojorge
Montevideo, 25 marzo 2019

En honor a María Auxiliadora

«Tras arresto y juicio fue arrebatado.
De su causa, ¿quién se preocupa?
Despreciable y desecho de hombres,
varón de dolores y conocedor de dolencias».
Is 53; 8, 3.

«Fue oprimido y se humilló; no abrió la boca.
Enmudecía como cordero llevado al matadero;
como oveja a quien trasquilan, no abrió la boca».
Is 53, 7.

No existe un pasaje en toda la vida de Jesús que plantee un problema más discutido, o que haya provocado un interés tan vivo y tan polémico como su propio proceso jurídico[1].

Y esto es tan cierto que, mil novecientos años después de la destrucción de la antigua nación judía (en el año 70 después de Cristo, por manos del general Tito) se reconstruyó nuevamente, el 14 de mayo de 1948, un nuevo e independiente estado de Israel. Desde entonces los cristianos han expresado varias veces el vivo deseo de que *el régimen israelí, como supuesto sucesor del antiguo régimen judío del Sanedrín,* instruyese un nuevo proceso en torno a Jesús sometiendo a revisión el inmenso error judicial pronunciado en su tiempo.

---

[1] Nos inspiraremos aquí, además de las lecturas referidas en las notas al pie, en los trabajos de JOSEF BLINZLER; *El Proceso de Jesús*, Ed. Litúrgica española, Madrid 1959; AGUSTÍN Y JOSEPH LÉMANN, *La asamblea que condenó a Jesús*, Criterio-Libros, Madrid 1999 (a partir de ahora: LÉMANN); VITTORIO MESSORI, *¿Padeció bajo Poncio Pilato?*, Rialp, Madrid 1994.

9

Sin ir más lejos, en la primavera de 1949, la prensa mundial anunció que un jurista holandés, bajo el seudónimo de *H. 187*, había presentado ante Ministerio de Justicia israelí una presentación formal sobre este asunto en quince páginas. El por entonces ministro Moshe Smoira se vió obligado a prometer a un cuidadoso examen el tema pues existía ya un precedente similar –de comienzos de los años treinta–, en el que un juez judío había efectivamente instruido un nuevo caso contra Cristo. Los datos sobre este asunto se llenaron de contradicciones e inspiraron poca confianza. Según una versión, el juicio se habría celebrado en el año 1931; puntualmente, el día 25 de julio de ese año especulando con que se había reunido en Jerusalén un tribunal integrado por los más famosos juristas judíos bajo la presidencia del doctor Veldeissel. Se dice que tras oír el informe del fiscal, que duró cuatro horas, y el del defensor, que duró cinco, y luego de una larga consulta, *«se falló por cuatro votos contra uno que Jesús fue inocente»*[2].

Una nueva revisión se dio en 1949. Ese año, según publicaron entonces los periódicos, el magistrado francés Jacquenot declaró la invalidez jurídica del proceso de Jesús en la *"Maison du Droit"* de la Facultad de Derecho de París. El Magistrado Jacquenot, junto con sus colaboradores, llegó a la conclusión de que el quebrantamiento de los trámites judiciales introducido por el Sanedrín judío hacía aparecer como inválida legalmente la sentencia de muerte dictada por la asamblea que condenó al Galileo.

Pero, ¿cuáles son las discusiones acerca del proceso que aquí nos convoca? Son innumerables las posturas que se esgrimen el momento de analizar el proceso de Cristo. Desde que fue un impostor hasta que fue un simple revolucionario más, pasando por el Hijo de Dios, claro.

Acerca de la responsabilidad subsistente en su juicio, los autores están más o menos divididos en estos grupos al tener que plantear

---

[2] Según otra versión, este juicio tuvo lugar el 25 de abril de 1933.

"quién tuvo la culpa" en el proceso; y se separan entonces diciendo que fue:

1. Exclusivamente judía.

2. Preponderantemente judía.

3. Mitad judía y mitad romana.

4. No necesariamente hebrea.

5. Completamente romana y exenta de la responsabilidad judía.

Ahora bien, ¿cuáles son las fuentes que abordan la cuestión? En primer lugar –y por su comprobado valor histórico–, están los Evangelios, documentos fidedignos de la época. Pero no son las únicas fuentes, claro. También encontramos:

a) Flavio Josefo (37 al 97 d.C.)[3]: este historiador hebreo, en su libro titulado *Las antigüedades judías*, Cap. XVII, nos dice:

> «Aunque Pilato, ante la denuncia de los primeros hombres entre nosotros, le condenó a la cruz, no le abandonaron los que desde el principio le habían amado».

Es decir, remarca que la acción de Pilato fue promovida por la denuncia de *los primeros hombres entre nosotros*, es decir, por los más importantes miembros del judaísmo.

---

[3] Flavio Josefo: primigeniamente llamado José ben Matityahu (José, hijo de Matías) fue un historiador, político y rabino judío nacido en el 37 y muerto hacia el 97 de la era cristiana. Procedente de una familia religiosa –sus antepasados fueron rabinos–, se unió a la secta de los fariseos. Impresionado por la cultura romana, en la rebelión hebrea de los años 66-70 terminó por abrazar la causa imperial, acabando como favorito del emperador Vespasiano, quien lo hizo ciudadano romano hasta le cambió el nombre llamándolo *Titus Flavius Iosephus*. Sus aportes históricos –entre los que se destacan *La guerra de los judíos, Antigüedades judías* y *Contra Apión*– son de tal relevancia que ningún apologista o estudioso de las Sagradas Escrituras, debería pasarlos por alto sin cometer grave negligencia.

b) Tácito (115 d.C.)[4], historiador romano, en sus *Anales*, habla de los cristianos en conexión con la descripción del incendio de Roma en tiempos de Nerón y dice:

«El autor de este nombre, Cristo, fue ajusticiado por Poncio Pilato siendo emperador Tiberio»[5].

Resaltando la responsabilidad romana del procurador.

c) En una carta de un sirio estoico, Mara bar Serapion[6], se lee:

«¿Qué provecho sacaron los atenienses de matar a Sócrates, sino padecer hambre y peste?, ¿o los samios en matar a Pitágoras, sino ser cubierto en un momento su país por la arena?, ¿o los judíos de ajusticiar a su sabio rey, sino ser privados de su reino desde entonces? Pues Dios tomó justiciera venganza de estos tres sabios. Los atenienses murieron de hambre, los samios fueron cubiertos por el mar, los judíos fueron matados y expulsados de su reino y viven por todas partes en dispersión. Sócrates no ha muerto por Platón. Tampoco Pitágoras por la estatua de Heras. Tampoco el rey sabio por las nuevas leyes que dio».

---

[4] *Cornelius Tacitus*: nacido en el año 55 (?) y muerto probablemente hacia el 115 d. C., fue un prolífico autor, verdadero genio del relato conciso y juicioso. Se destacan entre sus obras: *Diálogos de los oradores*, *Germania* y *Anales*, obra cumbre –esta última– de la historiografía.

[5] Tiberio Claudio Nerón (no confundir con Nerón Claudio César Augusto Germánico, quien incendió Roma) fue un emperador romano de la familia de los Claudios (*gens Claudia*), que gobernó el Imperio desde el 14 al 36 d.C. A él se refieren los Evangelios cuando se hace mención al "César" en tiempos de la Pasión. Para estudiar los aspectos salientes del carácter de Tiberio, pueden verse los libros de Leonardo Castellani, *Psicología Humana*, Jauja, Buenos Aires 1995, 156 y ss. y el famoso trabajo de Gregorio Marañón, *Tiberio. Historia de un resentimiento*, Espasa-Calpe, Madrid 1956.

[6] Mara bar Serapión fue un filósofo estoico sirio de quien poseemos escasos datos; es únicamente conocido por la carta que, hacia el año 73 d. C., y desde la cárcel, le escribió a su hijo, incitándole a amar la sabiduría. Hemos transcripto el párrafo de la misma que mayor interés posee a los fines del tema en tratamiento.

1) SITUACIÓN HISTÓRICA

Los hechos que nos ocupan transcurrieron en pleno auge del Imperio Romano donde el poder del emperador se encontraba en plena expansión a tal punto que los mismos pueblos que deseaban gozar de los beneficios del sistema romano (recordemos que el Imperio fue *protector* de los judíos y no un déspota tirano como muchas veces se lo presenta en las "historias oficiales" de tinte marxista). Sin ir más lejos, fueron los propios judíos quienes pidieron el favor de estar bajo el protectorado romano, como lo narra Flavio Josefo en sus *Antigüedades Judías* (L. XIV, 14-15 y XV, 10); pues siempre conviene ser aliado del imperio, dicen.

¿Cuándo se dieron estas cosas? En realidad, los acontecimientos se precipitaron en el año 40 antes de Cristo, cuando los partos defenestraron a Herodes I el Grande, apoderándose de sus territorios en Siria y en el Asia Menor. Fue ante la amenaza del avance enemigo que el rey judío envió una legación a Roma para ofrecer al senado romano el sometimiento de la provincia de Judea y poder, así, comenzar a gozar de la defensa del ejército imperial frente a los partos. Para asegurar su objetivo, en el año 42, él mismo viajará a entrevistarse con Augusto, pues para ambos (judíos y romanos) se trataba de un enemigo común (los reyes del Ponto y del Oriente mesopotámico invadían la zona fronteriza del Imperio y también de Judea).

La anexión de Judea no fue sencilla pues debió discutirse un mes entero en el Senado mientras que Herodes hubo de esperar en casa del cónsul Asinio Pollino (es el personaje a quien el gran poeta Virgilio le dedica la famosa *IV Égloga*); tan cercana fue la relación entre el *divus* Augusto y Herodes que el mismo emperador ofreció al rey de Judea que enviase a sus hijos a Roma para que fuesen educados, cosa que Herodes aceptó sin dudarlo. Es decir, desde un primer momento el estado judío quedó ligado a Roma por un tratado de amistad y alianza, de allí que, aún después de su incorporación total a Roma, siguiera siendo una comunidad cuasi-independiente.

Tengamos presente aquí que la estrategia política romana para una mejor y rápida asimilación de los sometidos se basaba en que los romanos permitían hasta donde era posible, la ley del país a todas las *civitates* incorporadas. Puntualmente, en lo referente a la función jurisdiccional, *el principio romano* consistía en dejar en lo posible que las provincias siguieran celebrando juicios por la autoridad nacional y así librar al procurador del tremendo trabajo de encargarse de ello. Para los sometidos, claramente existían ventajas defensivas, sin embargo, también consecuencias que iban en desmedro de la soberanía política nacional

Si hemos hecho esta introducción es para analizar el tema específico que nos ocupa y que ya hemos mencionado levemente, a saber, *la excepción* dada por «poder judicial» judío que entregaba «parte» de su competencia a los jueces romanos imperiales bajo ciertas condiciones, como señala Schonbauer cuando dice que «*en este tiempo aún reconocían los romanos la institución judía del Sumo Sacerdote*»[7].

Entonces, ¿qué competencia jurídica tenían los tribunales judíos? Veamos. La competencia del *Sanedrín*[8], órgano supremo del pueblo hebreo, fue poco a poco reduciéndose ante el aparato legal de Roma y esto no tanto porque el Imperio faltase a sus compromisos, sino a raíz de las eternas revueltas y protestas judías: fue gracias a esas revueltas que, en el año 6 de la era cristiana, Roma quitó al Sanedrín

---

[7] JOSEF BLINZLER, *op. cit.*, 207.

[8] Dice el *Diccionario de la Real Academia Española*: «*Sanedrín. Del hebr. rabínico* sanhedrīn, *y éste del gr.* συνέδριον synédrion "asamblea", *de "syn"* -'con'- *y "hédra"* 'asiento'. *1. m. Consejo supremo de los judíos, que trataba y decidía los asuntos de estado y de religión. 2. m. Sitio donde se reunía el sanedrín. 3. m. Junta o reunión para tratar de algo que se quiere dejar oculto*». Nunca más acertada esta triple definición, por lo menos para el caso en tratamiento –mal que les pese a los amantes de lo «políticamente correcto» la tercera acepción del vocablo.

el derecho *de ejecutar las sentencias de muerte*. Ese mismo año y a raíz de la deposición del rey Arquelao[9], hijo y sucesor de Herodes, se redujo a Judea a provincia romana, por lo que los procuradores que la administraban a nombre del emperador Augusto tomando el tribunal para sí mismos y ejecutando el *ius gladii* o «derecho de la espada», es decir, *el derecho soberano para decidir sobre la vida de una persona*. A partir de ese momento, el primer procurador de Judea, Coponio y sus sucesores gozarán de esta prerrogativa, cumpliéndose así la profecía de Jacob para la venida del Mesías[10].

> «El cetro no saldrá de Judá, ni el legislador de entre sus pies, hasta que venga Aquél que debe ser enviado; Él será el que reúna a todas las naciones» (Gén., 49, 10).

Este último suceso será clave para comprender el proceso entero de Cristo y la competencia del Sanedrín, pues si bien este alto tribunal conservará la competencia para poder excomulgar, aprisionar y azotar

---

[9] Herodes Arquelao fue hijo de Herodes el Grande. Al morir su padre recibió las comarcas de Judea, Samaria e Idumea. Su reinado fue tiránico y sangriento, lo que hizo que el pueblo apelara a Roma obteniéndose finalmente su deposición y destierro a las Galias, donde murió.

[10] Estando Jacob en el lecho de muerte con sus doce hijos alrededor, comenzó a bendecirlos uno por uno, y cuando llegó a Judá le dijo: "A ti Judá, tus hermanos te alabarán; sentarás tu mano sobre la cerviz de tus enemigos; los hijos de tu padre te adorarán. Judá es un leoncillo; estás echado como un león y como una leona. ¿Quién te despertará? *El cetro no saldrá de Judá, ni el legislador de entre sus pies, hasta que venga Aquel que debe ser enviado; Él será el que reúna a todas las naciones*» (Gén., 49, 8-10). Según esta profecía, dos signos debían proceder a la venida del Mesías: 1) la quita del cetro, o sea, del poder real, y 2) *la supresión del poder judicial*. Incluso hay otra más clara que citan los hermanos Lémann (*op. cit.*, 33): «*el Hijo de David no ha de venir antes de que hayan desaparecido los jueces en Israel*» (Tratado *Sanedrín*, fol. 97, verso).
En la época de la conquista romana, hacía tiempo que el cetro o poder real había desaparecido de Judá, puesto que desde la vuelta de la cautividad, (hacía más de 400 años), ninguno de los descendientes de David había llevado el cetro. Los últimos reyes que estuvieron en Jerusalén, los príncipes Macabeos, eran de la tribu de Leví; y Herodes el Grande, en quien acabó la dinastía, no era judío por la sangre, pues descendía de un idumeo.

en lo concerniente a delitos religiosos, no podrá hacerlo respecto de una sentencia definitiva de muerte, como sucedía en todas las provincias romanas, de allí que en el Evangelio de San Juan se dijera... *a nosotros no nos está permitido dar muerte a nadie* (Jn 18, 31). Dicha prerrogativa religiosa contaba no sólo para la provincia de Judea sino también para diversas comunidades judías, como la de Alejandría y Asia Menor. Tal fue el dolor del pueblo judío al perder el *ius gladii* que, que al enterarse de ello los miembros del Sanedrín, según expresa el rabino Rachmon «los miembros del Sanedrín se cubrieron la cabeza de cenizas y se vistieron con cilicios, diciendo: Malditos seamos porque se le ha quitado el cetro a Judá y el Mesías no ha venido»[11].

Puede por tanto inferirse de estos datos que, desde del año 6 de nuestra era toda condena a muerte por parte de los judíos –incluso en asuntos religiosos– resultaba contra derecho, como lo fueron (luego de Cristo) la de los apóstoles Santiago, hijo de Alfeo, y San Esteban protomártir, dos casos de verdaderos linchamientos.

En el caso de Santiago se dice que el sumo sacerdote Anás II, tras la muerte del procurador Festo[12], aprovechó la vacante del puesto para hacerlo condenar por el Sanedrín y después lapidar junto a otros cristianos, a causa de lo cual el nuevo procurador, y después rey, Agripa II, que administraba los asuntos del Templo y tenía el derecho de nombrar los sumos sacerdotes, le despojó de su cargo. Uno de los testigos calificados de esta humillante pérdida de poder, Flavio Josefo, nos comenta:

> «Cuando murió el Procurador Festo, como debía dilatarse en venir su sucesor Albino, pareció al gran sacerdote Anano, hijo de Anás, ser ésta la ocasión favorable para reunir el Sanedrín. Hizo pues,

---

[11] LÉMANN, *op. cit.*, 28.

[12] Porcio Festo: procurador de Judea entre los años 59 a 62 d. C., sucesor de Antonio Félix en el cargo. Intervino en el caso de San Pablo, enviándolo a Roma para ser juzgado allí, atento a que el *Apóstol de las gentes* era ciudadano romano.

16

comparecer a Santiago, hermano de Jesús[13], llamado el Cristo y a algunos otros, y les hizo condenar a muerte por lapidación. Cuantas gentes sensatas y observadoras de la ley había en Jerusalén, desaprobaron esta acción... Algunos fueron a Albino, que había partido ya de Alejandría, para prevenirle y hacerle observar que Anano carecía absolutamente del derecho de reunir el Sanedrín sin su permiso: fácilmente se persuadió Albino, y montado en cólera contra el gran Sacerdote, le escribió que le castigaría por este hecho»[14].

El martirio de San Esteban, en cambio, puede leerse en los *Hechos de los Apóstoles*, 7, 57 y ss; allí se narra cómo el juicio fue interrumpido por un acto de violencia de los judíos que a él asistían, sin que se llegase a dictar sentencia de muerte a causa de la salvaje reacción. La mayoría de los investigadores creen, con razón, que la ejecución se trató de un acto tumultuoso de injusticia que la autoridad romana no siempre podía impedir. Es en los *Hechos de los Apóstoles* donde se leen otros casos análogos realizados ilegalmente y con gran rapidez por parte de las turbas[15].

2) EL PROCESO DE CRISTO Y SUS PROTAGONISTAS

Según los hermanos Lémann y a partir del profundo estudio de la *Mishná* (código de procedimiento penal judío), en el juicio de Cristo se habrían cometido, al menos, veintisiete irregularidades o nulidades que invalidarían todo el proceso ante el Sanedrín. Para quien no esté familiarizado con los textos judaicos, la *Mishná* resulta ser un compendio de tradiciones y jurisprudencia codificado en el año 200 d.C.[16] por el rabí *Yehudah Hanasí* (mejor conocido como el maestro

---

[13] Esto es primo hermano del Señor.

[14] FLAVIO JOSEFO, *Antigüedades judías*, Lib. XX, cap. IX, núm.1.

[15] En Hech. 5, 26 el oficial del Templo y sus gentes tenían miedo de ser apedreados por el pueblo; en 9, 29 algunos círculos judíos planearon matar a San Pablo en Jerusalén y en 21, 30 el apóstol estuvo a punto de ser asesinado por un motín popular.

[16] *La Mishná* comprende sesenta y tres (63) tratados contenidos en los 6 títulos siguientes: 1) *Orden de las shaietes*, 2) *De las fiestas*, 3) *De las mujeres*, 4) *De los*

Judá). Dicho rabino, movido a compasión por el estado en que su nación había quedado luego de las incursiones de las tropas romanas de Adriano [17], se determinó a fijar por escrito toda la tradición de su

daños, 5) *De las cosas santas*, 6) *De las purificaciones*. El Tratado de los Sanedrines es el cuarto, intitulado *De los daños*. Sin duda no son auténticas todas las tradiciones judiciales allí consignadas por los rabinos, deseosos de hacer valer la equidad del Sanedrín, pero un número considerable de ellas son verdaderas y datan de la antigua Sinagoga. Para distinguir las verdaderas reglas judiciales de las falsas, los hermanos Lémann dan la siguiente regla: *siempre que se encuentra en la Mishná una ley judicial que ha sido violada en el proceso de Jesús, se puede afirmar que es de la antigua Sinagoga*, es decir, que no ha sido alterada por los rabinos. Según los mismos hermanos, los rabinos se esforzaron para modificar en la legislación hebrea todo lo que, a los ojos de la posteridad, podía incriminar la conducta del Sanedrín, respecto a Jesucristo.

[17] *Caesar Traianus Hadrianus Augustus*: (24 ene. 76 d. C., Itálica-España, 10 jul. 138, Bayas, cerca de Nápoles) fue hijo adoptivo y sucesor del emperador Trajano hacia el año 117 de la era cristiana. Fue un gobernante que se caracterizó por dos cosas: a) su amor hacia la cultura helenística y b) su contacto estrecho con las diferentes provincias de su imperio, a cuyo conocimiento se abocó personalmente emprendiendo largos viajes. Durante su reinado se produjo el levantamiento de Bar Kocheba (132-135), que el emperador supo aplastar. Con Adriano se produce la expulsión de los judíos de Jerusalén, prohibiéndose a éstos la entrada a la Ciudad Santa bajo pena de muerte. El viejo Templo de Jerusalén, que se rasgó a la mitad con la muerte de Cristo –señal de castigo y de abolición del viejo culto– y que Tito incendiara y saqueara (70 d. C.), fue convertido por el emperador en lugar de culto dedicado a Júpiter y a Venus.

La suerte de la Ciudad Santa fue descrita conmovedoramente por Nuestro Señor en Mt 23, 37-39; Lc 13, 34-35; Lc 19, 41-44: Veamos, por caso: *Y cuando estuvo cerca, viendo la ciudad, lloró sobre ella y dijo:* «¡Ah si en este día conocieras también tú lo que sería para la paz! Pero ahora está escondido a tus ojos. Porque vendrán días sobre ti, y tus enemigos te circunvalarán con un vallado, y te cercarán en derredor y te estrecharán de todas partes; derribarán por tierra a ti, y a tus hijos dentro de ti, y no dejarán en ti piedra sobre piedra, porque no conociste el tiempo en que has sido visitada» (Lc 19, 41-44).

En lo atinente a los martirios durante el reinado de Adriano, la suerte de los cristianos continuaba atada al rescripto de Trajano –antecesor del *Divus*– (al que, en honor a la brevedad, remitimos; hallable, por lo demás, en GARCÍA VILLOSLADA, R. – LLORCA, B. – MONTALBÁN, F.; *Historia de la Iglesia Católica*, Tomo I, Edad Antigua, BAC; Madrid 1955, 186 y ss.). Esto es, gozándose de una relativa paz, los casos de

pueblo. El texto llegó a convertirse en el *código por excelencia* de la «diáspora» en contraposición a las directivas narradas en el Pentateuco (ley escrita comunicada a Moisés por Dios). Es en este texto vertido desde la tradición oral donde se contempla la administración de justicia en manos de los «sanedrines», o concejos supremos de los judíos, uno de los cuales ejecutó el proceso de Cristo.

Pero, ¿cómo estaba compuesto *el Sanedrín*?

Según narran los hermanos Lémann, el «gran concejo» (como también se lo llamaba), era la alta corte de justicia o el tribunal supremo de los judíos. Etimológicamente el término proviene del griego, *sünedrion* que significa «asamblea de gente sentada»; el mismo fue establecido en Jerusalén después de la cautividad de Babilonia bajo el modelo del famoso concejo de los setenta ancianos creado por Moisés en el desierto (Deut. 17, 8).

Su aparición más notable surge en la época macabea. Algunos historiadores señalan su fundación bajo el gobierno de Judas Macabeo, mientras que otros establecen su erección bajo el liderazgo de Jonathan. Sea como fuere su existencia está situada entre el 170 y el 106 a.C.

La composición en tiempos de Nuestro Señor, según Flavio Josefo y la historia judía, era de setenta y un miembros distribuidos en tres cámaras representativas de los tres órdenes principales del Estado Judío, cada una de ellas compuestas ordinariamente de veintitrés miembros, más el presidente o Sumo Sacerdote y su vice, llevando el primero el título de «príncipe» (*nasi*) y el segundo el de «padre» del tribunal (*ab bêthelin*). Estaban distribuidos de la siguiente manera.

Cámara de los sacerdotes: compuesta por personas pertenecientes a la casta sacerdotal y divididos en dos: los «sumos sacerdotes» ex-

---

persecuciones a la nueva religión fueron provocados por calumniadores, multitudes enfervescentes y magistrados poco justos.

presidentes y los simples sacerdotes que no habían presidido nunca el Sanedrín.

En la época del proto-cristianismo se pueden identificar, a partir de la lectura del Nuevo Testamento, los siguientes personajes históricos: Caifás, Anás (presidente y vice, respectivamente) y sus cinco hijos (quienes le sucedieron ininterrumpidamente: Eleazar, Jonatás, Teófilo, Matías y Ananías, este último depuesto por Albino al haber hecho apedrear arbitrariamente a San Pablo); otros ex-sumos sacerdotes eran Joazar, Eleazar, Josué Ben Sie, Ismael ben Phabi, Simon ben Camite; simples sacerdotes: Sceva, Simón Canthero, Juan, Alejandro, Ananías ben Nebedai y Helkias el probable tesorero del que Judas recibió las treinta monedas.

Existían también, a nivel organizativo, otras categorías importantes como ser el superintendente del Templo con poder de policía, el encargado sacerdotal del Tesoro y tres tesoreros.

Cámara de los escribas o doctores: el segundo estrato del sinedrio contenía a los levitas y a los legos particularmente versados en el conocimiento de la ley. Formaban el cuerpo letrado de la nación y eran escogidos indistintamente entre los doctores de la ley, más conocidos como los «doctores de Israel» (o «sabios») por la veneración y aprecio que se les guardaba. A ella pertenecían Nicodemo, Gamaliel, su hijo Simeón y sus discípulos Onkelos, Jonatás ben Uziel, Samuel Hakkaton, Rabí Zadok, etc.

Cámara de los ancianos era el último grupo compuesto por los personajes más considerados de la nación, propietarios de grandes haciendas y tiendas; a pesar de todo era el estrato menos influyente de los tres. A este conjunto, en tiempos de Jesús pertenecían José de Arimatea, Ben Calba, Scheboua, Simón y Doras, entre otros.

Es del caso notar que la distribución de los veintitrés miembros de cada cámara no se observaba rigurosamente y más de una vez, especialmente en el momento del juicio a Cristo, la *Cámara de los sacerdotes* formó por sí sola una mayoría en el Sinedrio. La razón de esta influencia la ha dado Abarbanel, uno de los más célebres rabinos de la Sinagoga: los sacerdotes y escribas, dominaban naturalmente en el Sanedrín, porque no habiendo recibido como los otros israelitas, bienes raíces que cultivar y aumentar contaban con más tiempo para consagrarse al estudio de la ley y de la justicia; por esto se encontraban más aptos para pronunciar sentencias. Esta observación está confirmada por el Evangelio, que, en varios lugares, deja suponer que la *Cámara de los sacerdotes*, superaba a la de los escribas y ancianos en número e influencia.

Así las cosas, y como es de suponer, también existían internas entre los diversos camaristas.

1) *Los fariseos*: formaban parte de un partido político-religioso que se mantenía en la más estricta observancia de la ley. Con gran influencia sobre el pueblo de clase media, desempeñaban un importante papel en el Sanedrín como grandes conocedores de la teología y del derecho. La mayoría de los escribas (segunda cámara) integraban el partido fariseo, siendo indispensables por su conocimiento legal. Eran los abogados de la pequeña burguesía y defendían, como sucede a menudo, al mejor postor.

San Juan nos dice que muchos hombres del Sanedrín creían en Jesús, pero no se atrevían a manifestarlo por causa de los fariseos, para no ser excomulgados, como el caso de Nicodemo, sanedrita muy prestigioso y escriba al mismo tiempo que hasta se animó a enfrentar a sus cofrades: «*¿Acaso nuestra ley condena a un hombre antes de oírle y sin averiguar lo que hizo?*», pero ellos le respondieron: «*¿También tú eres galileo? Investiga y verás que de Galilea no ha salido profeta alguno*» (Jn 7, 51-52).

2) *Los saduceos*: constituían la mayoría del Sanedrín. Era el partido de la nobleza sacerdotal y laical, conservador en religión y *amigo de los romanos en política*; contaban también con escribas en sus filas. El historiador judío Flavio Josefo resume así su doctrina: «*enseñaban que el alma muere con el cuerpo*»; tampoco creían en la

resurrección (basta con recordar las famosas preguntas a Cristo sobre el matrimonio [18]). Eran, por decirlo así, los «materialistas» o epicúreos de la época, para quienes el destino del hombre no consistía más que en el goce de los bienes terrenales [19]. Entre ellos estaban Anás y Caifás [20].

---

[18] Mt 22, 23-33.

[19] Cuando a San Pablo le tocó comparecer frente al Sanedrín conocía las divisiones doctrinales internas entre saduceos y fariseos y les dijo: «*Hermanos, yo soy fariseo e hijo de fariseo; se me quiere condenar a causa de la esperanza de una vida futura y de la resurrección de los muertos*» (Hech. 23, 6-10). Apenas el Apóstol profirió estas palabras comenzó una discusión tal que San Pablo aprovechó para retirarse en silencio.

[20] Afirma Mons. Spadafora en su *Diccionario bíblico* (v. voces «*Anás*» y «*Caifás*»): «*ANÁS. —Sumo sacerdote (6-15 a. de J. C.) nombrado por Quirino y depuesto por Valerio Grato. Vió a cinco hijos y al yerno Caifás entre sus* sucesores (Fl. Josefo, Anti. XX, IX, I; cf. 12, 2, 7). *Detestábalo el pueblo a causa de la rapiña que ejercía y por los monopolios de todo lo necesario para los sacrificios en el Templo* (Strack-Billerbeck, Kommo z. N. T. aus Talmud u. Midrasch, II, pp. 568-71). *Tan pronto como prendieron a Jesús lo llevaron ante Anás* (Jn., 18, 13 con el cual se enlaza lo que después se dice en el v. 24), *Esta audiencia era impuesta por la deferente cortesía, pues Caifás (h. 18-36 desp. de J. C.) era un dócil instrumento en manos de su hábil e influyente suegro. Por otra parte el cargo* «comunicaba cierto carácter indeleble, en virtud del cual el sumo sacerdote, aunque depuesto, conservaba gran parte de sus derechos y de sus deberes, además del título» (Schiner, 274). *Así San Lucas llama aún* «sumo sacerdote» *al depuesto Anás.* (Lc 3, 2; Act. 4, 6). // *CAIFÁS*: Sumo sacerdote hebreo elegido por el procurador romano Valerio Grato para el oficio que desempeñó durante 18 años consecutivos (del 18 al 36 desp. de J. C.). Su prolongado pontificado se debió al descarado servilismo con que se sometió a los romanos que dominaban en Palestina. Bajo su pontificado inició San Juan Bautista su predicación (Lc 3, 2). Después de la resurrección de Lázaro, Caifás dió al Sanedrín el consejo de dar muerte a Jesús (Jn 18, 14). El consejo de Caifás sobre la muerte de Jesús para salvar al pueblo, calificado por el Evangelista (Jn 11, 50-51) como «profecía» del carácter de redención de la muerte de Cristo, no fué emitido bajo el influjo de carisma profético. Trátase de una expresión que dentro de su unidad material presenta doble sentido formal, el que intentaba el impío Sumo Pontífice y el que se proponía el Espíritu Santo, que es el que expresa el Evangelista» (Cfr. F. SPADAFORA, *op. cit.*; pp. 31 y 91, respectivamente).

La reunión del Sanedrín era utilizada para casos estrictamente reglamentados por la ley judía que exigían gravedad. Así, la Mishná determinaba que la sentencia de los setenta y uno es invocada cuando el negocio concierne a toda una tribu, a un falso profeta o al gran sacerdote; cuando se trata de saber si se debe hacer la guerra, si importa agrandar Jerusalén... o hacer cambios sustanciales... Sus atribuciones eran soberanas.

A pesar de las divisiones internas, todos se aunarán –con excepciones– para el proceso de Cristo.

La gran popularidad del rabí de Galilea llevó a que, en el primer año de su predicación, comenzase un gran resentimiento contra su Persona; y fue, según la tradición cristiana tradicional, ese resentimiento y envidia lo que terminó de cegar a la Sinagoga (Mc 11, 18; Jn 4,1; 7, 32 y ss.). Al mismo tiempo, el Sanedrín temía que los romanos tomasen cualquier movimiento mesiánico como una excusa para acabar con el último resto de independencia judía representado por ellos mismos (Jn 11, 48); el rencor contra Jesús crecía no sólo por su modo de vida sino por su lucha pública contra el modo de vivir de los jerarcas israelitas y la falsificación de la religión a la que habían llegado (sus prédicas contra los abusos en el Templo y la expulsión –al menos dos veces de los mercaderes [21]– son sólo un botón de muestra).

El Padre Castellani lo ha expresado inmejorablemente:

> «La lucha contra el fariseísmo, ese "pecado contra el Espíritu Santo" que le impedía su manifestación mesiánica y hería terriblemente su amor a los hombres y a los pobres y a los débiles... sin contar su amor al Padre –y a la Verdad. Ésa es la clave de su carácter, quizá la principal, la que engloba todos los rasgos de su espléndida personalidad humana (...). En efecto, ésa es la esencia del fariseísmo (...): crueldad, soberbia religiosa y resistencia a la Fe. Pero Cristo desde la cruz pudiera responderles: «Creed en Mí y bajaré de la

---

[21] Cfr. Mt 21, 12-17; Mc 11, 15-18; Lc 19, 45-46; Jn 2, 13-17.

cruz». En efecto, cuando los judíos crean en Él, y los gentiles hayan caído en el pecado de muerte, bajará Cristo de su larga Cruz, que es toda la historia de la Iglesia (...). Los fariseos son «religiosos profesionales»... como el profesionalismo de la religión (...) es solamente el primer grado del fariseísmo en todo caso (...). El segundo: la religión se vuelve instrumento, profesión (...). El tercero: la religión se vuelve instrumento de ganancia, de honores, poder o dinero» [22].

Las denuncias sistemáticas de Nuestro Señor harán de Él, para el sinedrio, un personaje políticamente incorrecto.

3) Las reuniones contra Cristo

La actitud de Cristo contra el Sanedrín, sumado a su popularidad y, principalmente, a su proclamación como el Mesías de Israel, Hijo de Dios, definirán su arresto en la noche del 13 y 14 de marzo del año 782 de la época romana (jueves y viernes santos).

Todo debía ser cuidadosamente premeditado y en secreto pues al menos tres veces –según narran los evangelistas– se había decretado la detención sin poder llevar a cabo a causa de la popularidad del maestro ambulante.

a. La primera reunión había acaecido entre el 28 y 30 de septiembre (Tirsi) del año de Roma 781, o 33 de la era cristiana al ser denunciado Jesús como un «falso profeta» y preparando así los ánimos para su futura condenación:

> «El último día de la fiesta de los Tabernáculos *(28 de septiembre)* [23], que es el más solemne, Jesucristo enseñaba a la

---

[22] Leonardo Castellani, *Cristo y los fariseos*, Jauja, Mendoza 1999, 176-177.

[23] También conocida como *Fiesta de las Tiendas* o *Fiesta Agrícola*, era –junto a la Pascua y al Pentecostés– una de las fiestas más solemnes del pueblo hebreo. Tenía lugar a fin del año y su sentido radicaba en que acabada la recolección de los frutos del campo, los israelitas se presentaban ante Dios para ofrecerle las primicias y darle las gracias, implorando, a su vez, el beneficio de la lluvia para la próxima estación.

multitud. Unos decían: *"Este es verdaderamente profeta"*; otros decían: *"Ese es el Cristo"*... Los fariseos, habiendo oído a la multitud hablar así acerca de Él, enviaron ministros para prenderle. Pero ninguno puso la mano sobre Él. Los ministros volvieron a los pontífices y los fariseos, quienes les dijeron: *"¿Por qué no le habéis traído?"*. Los ministros respondieron: "Jamás habló hombre alguno como éste". Pero los fariseos les replicaron: *"¿Habéis sido seducidos vosotros también? ¿Hay alguno de los jefes del pueblo o de los fariseos que haya creído en él?"*. Pero estas gentes que no conocen la Ley son malditas. Entonces Nicodemo [24] (aquel que vino a Jesús en la

---

Hay numerosas referencias a esta fiesta en el A. T. (vgr.: Deut 16, 13; Lev 23, 33-44, etc.).

[24] «Noble judío perteneciente al Sanedrín. Es célebre su entrevista nocturna con Jesús. La hora elegida revela el miedo que tenía a los judíos, y las palabras que pronuncia manifiestan la profunda impresión que Jesús le produjo. Nicodemus demuestra ser un fariseo observante, recto, ajeno a la mentalidad mezquina de muchos fariseos contemporáneos suyos, pero influenciado por el concepto corriente de un Mesías nacionalista.

El Divino Redentor refuta en aquel coloquio los puntos de tal concepto erróneo. La naturaleza del reino de Dios es espiritual, y, por tanto, para entrar en él se requiere un nuevo nacimiento espiritual; no es un privilegio de la raza judía; el Mesías cumplirá su misión sufriendo y muriendo crucificado.

A Nicodemo se le da el título de príncipe o «jefe» (…) de los judíos, sin duda en el significado de noble o de persona respetable. Como miembro de la aristocracia formaba parte del Sanedrín (Jn 7, 50). Era asimismo conocido por su doctrina; era «maestro en Israel» (Ibíd. 3, 10). Se mantuvo como simpatizante, pero no se atrevió a hacerse abiertamente discípulo de Jesús. No obstante, cuando más adelante se llegue a discutir entre fariseos y sacerdotes sobre el modo y la posibilidad de eliminar a Jesús, Nicodemus tendrá el valor de pronunciar una tímida defensa [del Redentor – ya citada más arriba–] (…). Después de la muerte de Jesús, Nicodemus ayudó a José de Arimatea a sepultar el cadáver, y contribuyó con 100 libras (= 32 Kgs. aproximadamente) de mirra y de áloe (*Ibíd.* 19, 39 s.).

Es cierto todo cuanto se lee en los apócrifos. Hay incluso un Evangelio de Nicodemus o Actos de Pilatos y Descendimiento de Cristo a los infiernos (cf. C. Tischendorf. Evangelia Apocrypha, 2º ed., Leipzig, 1876, pp. 333-432). Según una tradición, Nicodemus se convirtió al cristianismo. Su nombre se lee en el Martirologio Romano (3 de agosto), porque se dice que su cuerpo fue hallado juntamente con el de San Esteban *(cf. Epístola Luciani ad omnem Ecclessiam; Pl. 41, 807-15)*» (F. Spadafora, *op. cit.*, 417).

noche y que era uno de ellos), les dijo: *"¿Acaso nuestra ley condena a alguien sin haberle oído primero, y examinado su proceder?"*. Ellos le respondieron: *"¿Eres tú también Galileo?"*»[25].

A consecuencia de la multitud, del testimonio de los ministros (o policía secreta) y de la interpelación de Nicodemo, los fariseos, espantados de los progresos que hacía la predicación de Cristo, provocaron una primera reunión del Sanedrín. El apóstol San Juan (Jn 9,22) refiere el envío de los ministros para apoderarse de Él, añadiendo a propósito de la curación del ciego de nacimiento que *sus padres temían a los judíos; porque los judíos habían decretado ya que si alguno confesaba que Jesús era el Cristo, fuese arrojado de la Sinagoga.* Es decir, ya había sido lanzado un decreto de excomunión[26].

b. Segunda reunión: la siguiente asamblea sucedió en febrero del 782 (año 34 de Jesús), cerca de cuatro meses y medio después de la primera. Dicha asamblea fue ocasionada, ni más ni menos, que por la

---

[25] Jn 7, 37-54.

[26] La sinagoga distinguía tres grados de excomunión o de anatema: la separación (*niddui*); la execración (*cherem*); la muerte (*schammata*). El primer grado o separación condenaba, al que se le imponía, a vivir aislado durante treinta días: podía frecuentar el templo, pero en un sitio aparte. Tampoco estaba reservado exclusivamente al Sanedrín, podía ser formulado en toda ciudad por los sacerdotes encargados de residir allí como jueces. El segundo grado o execración, traía consigo una separación completa de la sociedad judaica; aquel al que se le imponía era excluido del templo y entregado al demonio y solo el sanedrín, residente en Jerusalén, podía pronunciar este anatema. Lo pronunció en efecto, en esta primera reunión, contra todo el que osara confesar que Jesucristo era el Mesías. El tercer grado o la muerte, era el más formidable de los tres; se reservaba ordinariamente para los falsos profetas. Este anatema entregaba, a aquel sobre quien caía, a la muerte del alma, y era lo más frecuente, a la del cuerpo. El sanedrín entero pronunciaba solemnemente y en medio de las más horribles maldiciones la sentencia; si por alguna razón atenuante no se entregaba al excomulgado al último suplicio (la lapidación), siempre, después de su muerte, se chocaba una piedra sobre su sepulcro, para significar que había merecido ser apedreado, a esto se sumaba el hecho de que nadie podía acompañar el cuerpo del difunto, o llevar luto por él.

asombrosa resurrección de Lázaro siendo el mismo Caifás quien proponga la pena de muerte ratificada por unanimidad:

> «Algunos de los judíos fueron a los fariseos y les contaron lo que había hecho Jesús. A raíz de ello, los pontífices y los fariseos reunieron el concejo y decían: *"¿Qué haremos? Este hombre hace muchos milagros. Si le dejamos continuar, todos creerán en él, y vendrán los romanos y se apoderarán de nuestro país y de sus habitantes"*. Pero uno de ellos, nombrado Caifás, que era el príncipe de los sacerdotes aquel año, les dijo: *"Vosotros no sabéis nada, y no consideráis que vale más que un solo hombre muera por todo el pueblo, y no que toda la nación perezca"*. Así es que desde aquel día resolvieron hacerle morir. Por esto Jesús ya no se presentaba en público entre los judíos; sino que se fue de allí, a un país vecino del desierto, a una ciudad denominada Efrén, y allí estaba con sus discípulos... Los pontífices y los fariseos habían ordenado que, si alguno sabía dónde estaba, lo declarase, a fin de aprehenderle» (Jn 11, 43-57).

Así pues, fue en este segundo concejo que se decidió dar muerte a Jesús, por resolución del gran sacerdote: *Vale más que uno solo hombre muera...*

Dicha sentencia, retengámoslo, *fue pronunciada sin citar al condenado*, sin oírle, sin acusadores ni testigos, sin defensa; la única razón era la de detener el curso de los milagros e impedir que el pueblo creyese en Él...

Y todo el concejo ratificó servilmente el veredicto: *desde aquel día resolvieron hacerle morir...*

c. *Tercera reunión:* ocurrida el 12 de marzo del 782, a 20 o 25 días de la anterior; se trata del miércoles de la última semana de Jesús, o sea, dos días antes de la Pasión; el arresto y serían fijados para el primer momento favorable[27].

---

[27] Las ilustraciones que aparecen en este trabajo corresponden a Gustave Doré.

«Se aproximaba la fiesta de los ázimos, llamada Pascua. Y los príncipes de los sacerdotes y los escribas buscaban cómo matar a Jesús. Entonces los príncipes y los ancianos del pueblo se reunieron en la sala del gran sacerdote, que se llamaba Caifás, y tuvieron concejo para saber cómo se apoderarían con cautela de Jesús, y le harían morir.

Y decían: *"Es necesario que no sea durante la fiesta, no sea que se levante algún tumulto en el pueblo"*» (Mt 26, 3-5; Lc 22, 1-2). Se trata entonces, no de la deliberación acerca de si se lo apresaba o asesinaba, sino del momento prudente para hacerle morir.

4) EL PRENDIMIENTO DE JESÚS

Todo estaba previsto para detener a Cristo, pero un acontecimiento inesperado cambiaría los planes: *«Judas, llamado el Iscariote, uno de los doce, vino a los príncipes de los sacerdotes, para entregarles a Jesús. Y planeó con los príncipes de los sacerdotes y los magistrados cómo le entregaría. Estos al verle, se alegraron mucho y prometieron darle dinero»* (Lc 22, 3-5; Mc 14, 10-11). Entonces el tiempo del prendimiento varió: y, en vez de hacerlo luego de la Pascua, pensaron que la oportunidad estaba pronta: *«Ellos prometieron a Judas 30 monedas de plata, y éste se comprometió por su parte a aprovechar la primera ocasión favorable para entregar a Jesús en sus manos sin conmoción del pueblo»* (cfr. Lc 22, 5-6; Mt 26, 14-16). Ahora bien, es necesario recalcar, sin temor a ser reiterativos, que desde el punto de vista jurídico, Jesucristo nunca había sido citado por el Tribunal, ni interrogado, ni oído siquiera... No había, por consiguiente, una causa *stricto sensu*. Es decir hasta el momento ningún acusador se había presentado y ningún testigo había declarado...

En cuanto a la noche del Jueves, sólo sus amigos sabían que Cristo pasaría la noche en el huerto, de allí que Judas abandonase rápidamente la sala del Cenáculo para concretar la entrega por treinta monedas de plata (equivalente al precio de la compra de un esclavo). Su traición consistió en dar a conocer a los judíos el lugar donde podía ser apresado sin llamar la atención, cosa que sorprendió a los sanedritas por ser amigo de Jesús y único apóstol no galileo (pues era natural de Judea).

Pero veamos cómo estuvo organizado el prendimiento:

a. La policía en tiempos de Cristo

En la época en que se realizó la detención de Nuestro Señor[28], la guardia policial judía se dividía en dos cuerpos que tenían por finalidad la tranquilidad y seguridad estatal y el cuidado de los particulares, organizados del siguiente modo:

Por un lado existían los soldados romanos o la «policía extrajera»; es Flavio Josefo quien comenta que, desde la sumisión de Judea al Imperio Romano, los dominadores mantenían una legión de su ejército en Jerusalén, asentada en la ciudadela Antonia, pequeña villa situada en el ángulo noroeste de la explanada del Templo y comunicada por medio de los pórticos. Dicha *legión* estaba encargada de velar por la seguridad de la ciudad impidiendo que, en las grandes solemnidades religiosas (donde la masa llegaba a ser gigantesca), se levantara algún tumulto o desorden. Con este fin, una cohorte de la legión romana (alrededor de seiscientos o setecientos soldados), tomaba posición delante del pórtico del Templo, con la consiga de mantener la tranquilidad pública en manos del superior de la policía judía denominado «Capitán» o «Magistrado» del Templo (Hch. 4, 1; 5, 24). Dichos soldados romanos se encontraban así a disposición del jefe superior del cuerpo sacerdotal, constituyendo un verdadero grupo de élite o policía para asuntos «federales».

Por otra parte se encontraban también los soldados judíos (la policía local) cuya función era la de ejecutar las órdenes de detención emitidas por el Sanedrín (como ya hemos visto, Roma había dejado a los judíos el derecho de juzgar las causas atinentes a su religión, con el consiguiente derecho de detener, realizar castigos menores y hasta excomulgar). Esta policía dependía únicamente del tribunal supremo (es llamada por los Evangelios con la palabra *ministros* de los

---

[28] Seguimos para esto el opúsculo del P. AGUSTÍN LÉMANN; *La police autour de Jesús-Christ*, Librarie V. Lecoffre, París 1895 (puede verse online aquí: https://li-vres-mystiques.com/partieTEXTES/Lemann/Police/Lapolice.html (10/3/2019).

sacerdotes) y eran los *servidores, esbirros* o *criados*, según los textos evangélicos.

En base a testigos oculares, la detención de Jesús fue efectuada por los *esbirros* que venían de parte de los *sacerdotes, escribas y ancianos*; (Jn 18, 3) o bien, los *criados* de los *pontífices y fariseos*. Los evangelios sinópticos (Mateo, Marcos y Lucas) hablan de *oxlos polus*, que en griego tiene el sentido de *muchedumbre, montón, masa*, entendida de *manera relativa*. Así por ejemplo, un grupo de doce personas sería bastante para prender a una sola, pero en el caso de Jesús, los sanedritas debieron tener en cuenta la presencia de los once compañeros (e incluso que algunos de éstos estaban armados, como Pedro), amén de los milagros que Jesús hacía, claro.

Sea como fuere, se puede apreciar en el arresto del Señor la intervención mixta de ambas policías, que actuaron por encargo y con la autoridad del Sanedrín. Ahora bien, es atinado señalar que la «policía federal» (romana) sólo tenía jurisdicción para guardar la seguridad «dentro» del Templo, aunque es sabido que el Sanedrín se las arreglaba muy bien para utilizar sus fuerzas más allá de su jurisdicción, como se lee en los mismos Evangelios[29].

Por su parte podemos colegir sin hesitaciones que ese *oxlos polus*, esos esbirros del sanedrín, llegaban muchas veces a la osadía de actuar sin orden romana, como se ve en este caso en que Cristo será entregado a Pilato sin que éste tenga conocimiento alguno del asunto hasta el momento (cfr. Jn 18, 29).

b. ¿Cuántos soldados detuvieron a Cristo?

Hay un detalle importante en el prendimiento, que normalmente se soslaya al leer los relatos de la Pasión.

---

[29] También por los Evangelios sabemos que existía en toda Galilea el «espionaje» o policía secreta que informaba al Sanedrín. Según Mateo (15, 1; 16, 1) y Lucas (5, 17) eran «escribas y fariseos» enviados entre medio de la masa para informar sobre Jesús. Además todo el *Capítulo 7* de San Juan está dedicado al proceder de este espionaje judío.

San Juan en su relato menciona, junto con los servidores del Sanedrín, la *speira* (o «cohorte» en latín) con su jefe (*xiliaryos*, en griego), que comandaba la tropa. Una *speira* romana estaba compuesta de alrededor de seiscientos (600) hombres (enorme cantidad para Getsemaní, un huerto pequeño) pero absolutamente necesaria para detener a alguien que desde hacía tiempo los judíos querían apresar sin poder lograrlo (cfr. Lc 4, 28-29). Se debe afirmar, entonces que la tropa que detiene a Cristo no es simplemente un pequeño grupo como muchas veces se ve en los cuadros, sino una verdadera cohorte de soldados romanos (o policía extranjera, federal) bajo las órdenes del Jefe del Templo, junto con la «policía local» o los servidores del Sanedrín. Es por ello que el Mesías recrimina a los jefes de las tropas: «*todos los días estaba yo en medio de vosotros en el Templo y vosotros no me prendisteis*» (Mt 26, 55), haciendo mención claramente a esa policía «federal» dirigida por los sanedritas del Templo que, luego de prenderlo lo condujeron a casa de Anás y Caifás. Dicho lo anterior, algunos autores como Blinzler, concluyen a favor de la legalidad formal del prendimiento de Jesucristo, pues resaltan el hecho de que quienes lo llevaron a cabo estaban al servicio del Sanedrín, la más alta autoridad judía con cuyo consentimiento y voluntad se llevó a cabo.

Esquematicemos un poco el prendimiento.

- Policía romana: la *guardia del Templo*, mandada por el oficial del Templo, *el xiliarxos*, la que salió para Getsemaní desde su lugar (el Templo), enviada por el Sanedrín.

En total: una enorme cantidad de guardias para atrapar a un solo hombre…

c. Los Sumos Sacerdotes

Comencemos diciendo que, el Evangelio de San Lucas, nos introduce en el Sanedrín con el siguiente marco histórico: «*El año decimoquinto del imperio de Tiberio César, siendo Poncio Pilato procurador de Judea...»* y, tras aludir a Herodes [30], Filipo [31] y Lisanias [32], el evangelista termina situando la época aludiendo a las autoridades judías al decir: *«bajo los Sumos Sacerdotes Anás y Caifás»* (Lc 3, 1 y ss.).

Veremos también en las Sagradas Escrituras cómo estos dos personajes, presentados al inicio de la vida pública de Jesús, aparecen nuevamente –citados también por Lucas– luego de la muerte de Cristo persiguiendo a los discípulos con la intención de darles el mismo fin [33].

Sucede que al ser el antiguo Israel una nación teocrática, su organización era conforme a las leyes religiosas. El sumo sacerdote era el jefe de todo el pueblo judío, reuniendo en su persona poderes religiosos y civiles. Sin embargo, en tiempos del Imperio Romano, esto no se daba sino *en teoría* a raíz de la potestad que detentaba el procurador imperial (quien de hecho nombraba al sumo pontífice y hasta custodiaba sus vestiduras sacerdotales, cedidas sólo en ocasiones especiales y limitadas). Con todo, al sumo sacerdote le

---

[30] Herodes Antipas, hijo de Herodes el Grande –impulsor de la matanza de los Santos Inocentes–, dio muerte a San Juan Bautista y se mofó de Cristo y, vistiéndolo con una túnica luminiscente, lo devolvió a Pilato (Lc 23, 11-12). Fue tetrarca de los territorios de Galilea y de Perea, en virtud de la división que de su reino hizo su padre, de allí que Pilato enviara a Cristo, natural de Galilea, para que –*ad judicium oríginis*– Antipas lo juzgara.

[31] Herodes Filipo: tetrarca de Iturea y Traconítida, fue uno de los hijos de Herodes el Grande, hermano de Antipas y Arquelao. Fue el primer marido de Herodías, autora intelectual del asesinato de Juan Bautista, mujer adúltera que convivió con Herodes Antipas luego de divorciarse de Filipo.

[32] Lisanias: tetrarca de Abilene hacia el inicio de la predicación de San Juan Bautista.

[33] Tras haber ordenado los sanedritas la detención de los Apóstoles luego de que curaran a un tullido, nos dice San Lucas que se reunieron con afán homicida: *«al día siguiente se reunieron en Jerusalén sus jefes, ancianos y escribas; también Anás, el sumo sacerdote, Caifás, Juan Alejandro y cuantos eran de la familia de los sumos sacerdotes»* (Hech. 4, 5 y ss.). Así, también es por el mismo San Lucas que sabemos otro dato importante: *«el sumo Sacerdote con todos los suyos pertenecía a la secta de los saduceos»* (Hech. 5,17).

correspondía la autoridad y responsabilidad religiosa según la clásica y pragmática costumbre romana de no inmiscuirse en los cultos de los pueblos conquistados.

Pero: ¿quién elegía al Sumo Sacerdote? Aunque la elección correspondía a los miembros más encumbrados de las familias sacerdotales, no se hacía sin la anuencia de Roma. Su cargo, en principio, era *vitalicio* y sólo de manera excepcional podía ser depuesto, excepción que, desde la época de Herodes el Grande, se había convertido en regla. Así, desde los comienzos del reinado de Herodes I hasta el drama del Calvario (unos 65 años aproximadamente), se habían sucedido quince sumos sacerdotes distintos.

¿Y qué pasaba con los sumos sacerdotes depuestos? Simplemente pasaban a formar parte de esa casta que tanto los Evangelios como Flavio Josefo llaman a secas *sumos sacerdotes*. Eran como «pontífices eméritos», si se nos permite la expresión.

En la época del proceso de Jesús, ocupaba el cargo, Qajapha (*Caifás*), nombre que deriva del arameo y significa *Cefas*, es decir, «piedra»; Caifás, excepcionalmente, hacía doce años que estaba al frente del sacerdocio judío a raíz de su designación por el procurador Valerio Grato (18 d. C.) y de su confirmación por Pilato, siendo destituido recién en el año 36 de nuestra era, por Vitelio.

Así pues, Caifás llevaba varios años ininterrumpidos en el más alto puesto de la Sinagoga. La pregunta que se impone por lo tanto, es: ¿cómo pudo sostenerse tanto tiempo ante una situación histórica y jurídico-política tan precaria? La respuesta es sencilla: apelando al soborno, medio con el que «convencía» a los procuradores…

Es que, como decía Quevedo, «poderoso caballero es don Dinero».

Existía, de esta manera y por lo que varios estudiosos señalan, *un acuerdo entre Pilato y Caifás* (y la familia de su suegro, Anás), por el que el procurador recibía periódicamente una cuantiosa suma de dinero, evitándose así, con prebendas económicas, las sustituciones en el cargo. No por nada en el mismo año en que cayó en desgracia Pilato y fue enviado a Roma, el mismo Caifás fue depuesto...

Hay que tener en cuenta entonces que, al hablarse en los Evangelios de «los sumos sacerdotes», en plural, (como lo hace San Lucas[34]) los evangelistas se están refiriendo a lo más encumbrado de la casta sacerdotal. No hay entonces contradicción alguna al decir «los sumos sacerdotes» o «el sumo sacerdote». Ambas expresiones son indistintas, como si hoy dijésemos «el Papa» o «la Santa Sede». Anás, suegro de Caifás, podía ser llamado por extensión «sumo sacerdote», pese a haber sido depuesto en el año 15 d. C. por Valerio Grato –luego de lo cual ocupó el cargo por dos años uno de sus hijos, Eleazar, por ejemplo.

Puede apreciarse cómo, por lo dicho, el gobierno de la Sinagoga en aquel tiempo se daba de manera conjunta entre Caifás y Anás, siendo, este último, quien gobernaba entre las sombras a causa de su prestigio, riqueza y experiencia. Es Flavio Josefo quien nos dice que Anás llegó a tener en el cargo a sus 5 hijos, además de a su yerno. Era como «el padrino» del rabinato: poseedor de una extraordinaria energía y de un enorme talento diplomático, su influencia entre las castas sacerdotales había permanecido intacta a pesar de haber sido depuesto tiempo atrás. Renan[35], heterodoxo y todo, le endilga directamente la responsabilidad del arresto de Nuestro Señor: «es un hecho perfectamente comprobado que la autoridad sacerdotal, de hecho, estaba sólidamente asentada en manos de Anás. Y es bastante

---

[34] Mateo utiliza muchas veces la expresión en plural pues la utiliza para designar a toda la nobleza sacerdotal, el grupo más poderoso del Sanedrín. Son los «sumos sacerdotes» los que persuaden a la multitud para que elija a Barrabás, los que insultan al Señor al pie de la cruz, los que piden a Pilato que ponga una guardia en el Santo Sepulcro, los que pagan a los soldados para que no hablen de la Resurrección y propaguen la mentira del robo del cadáver, etc.

[35] Joseph Ernest Renán (1823-1892), escritor y filólogo francés, verdadero adalid del racionalismo decimonónico, y «profeta» del progreso científico. La Iglesia colocó en el *Index* varias de sus obras.

probable que la orden de arresto proviniera de él. Por tanto, es normal que Jesús fuera llevado inmediatamente a presencia de este influyente personaje» [36].

Pero, ¿cómo fue el encuentro de Anás con Cristo?

Según los textos sagrados (Jn 18, 13) Anás realizó el interrogatorio no oficial de Cristo, siendo enviado allí sólo *porque era suegro de Caifás,* es decir por motivos familiares o privados: quizá Caifás quiso por medio de esta previa entrega manifestar su respeto al anciano a quien los judíos consideraban como único y legítimo Sumo Sacerdote a causa de haber sido destituido a la fuerza por los romanos [37]; otra alternativa es que Caifás confiaba en la experiencia y sagacidad de su suegro para procurar un rápido proceso ante el Sanedrín. Sea como fuere, era un modo de aprovechar el tiempo mientras se convocaba durante la noche al tribunal que debería acudir a medianoche y «en pijamas».

5) ALGUNAS NULIDADES DEL PROCESO

1) La reunión del Sinedrio tuvo lugar en la noche.

Se daba comienzo así, según los hermanos Lémann, a una larga lista de nulidades que constituyen verdaderos atentados contra la *Mishná.*

---

[36] VITTORIO MESSORI, *op. cit.,* 148 (seguimos la edición digital que se encuentra aquí: (https://ia601409.us.archive.org/12/items/PadecioBajoPoncioPilatoVittorioMessori/ _padecio%20Bajo%20Poncio%20Pilato_%20-%20Vittorio%20Messori.pdf); consultado el 28/3/2019).
[37] La dinastía de Anás terminó con la muerte de su quinto hijo, también Sumo Sacerdote y llamado igual que su padre, quien fuera asesinado en el año 67 por los judíos alzados contra Roma.

Pero antes de seguir adelante cabe recordar lo que nos narran los ex-rabinos Lémann (luego conversos y ordenados sacerdotes) sobre la Mishná:

> «Sin duda, no todas las tradiciones judiciales admitidas y recogidas en la Mishná son auténticas. Muchas fueron alteradas, exageradas, e incluso inventadas por los rabinos, celosos de hacer valer la equidad del Sanedrín. Sin embargo, un gran número son verdaderas y datan de la antigua Sinagoga. Para distinguir estas verdaderas tradiciones judiciales de las falsas existe una regla infalible: siempre que se encuentre en la Mishná una ley judicial violada en el proceso de Jesús, puede afirmarse que data de la antigua Sinagoga, es decir, que no ha sido alterada por los rabinos. Éstos, en efecto, se esforzaron en modificar en la legislación hebraica todo lo que, a los ojos de la posteridad, podía incriminar la conducta del Sanedrín hacia Jesucristo. Así pues, ellos permitieron que en los viejos escritos subsistiese una ley abiertamente violada en el caso de Cristo cuando, consagrada por el tiempo y la popularidad, no había modo de desnaturalizarla» [38].

En efecto, *la ley judía prohibía proceder de noche bajo pena de nulidad*, dejando explicitado que un caso de suma importancia, podía tratarse de día pero debía suspenderse absolutamente «durante la noche» (Mis. IV, nº 1). Claramente, se hizo caso omiso a este precepto: «*Era de noche, la corte y los ministros de los pontífices le llevaron, provistos de espada y palos...*» (Jn 13, 30).

Esta reunión con Anás y las posteriores con los sanedritas se realizó después del sacrificio de la tarde, violándose otra prohibición que dice «*no se sentarán sino después del sacrificio de la mañana hasta el sacrificio de la tarde*» (Talmud, Cap. 1, fol 19); sumado a todo esto tenemos que situarnos en que, esa tarde, era la víspera de la Pascua, fiesta judía por excelencia y la Mishná prohibía tener sesión aún la víspera del sábado o de un día de fiesta. «*No juzgarán ni en*

---

[38] LÉMANN, *op. cit.*, 87. Los hernamos Lemann encuentran varias nulidades más; nosotros hemos querido analizar sólo algunas de ellas.

víspera de sábado ni en la víspera de un día de fiesta» (Mis., Cap. IV, n° 1).

Pero sigamos con el relato. Según San Juan: Anás *«preguntó a Jesús sobre los discípulos y sobre su doctrina»* (este episodio solamente es narrado por él, cfr. Jn 18, 19). Resulta significativo que el poderoso Anás, antes que por la doctrina, estuviese interesado por los *discípulos* del joven rabbí de Galilea cuya predicación movía las muchedumbres y podía originar una peligrosa rebelión. Casi todo el Sanedrín estaba compuesto de colaboracionistas de los romanos, especialmente el tándem Anás-Caifás, con doble vinculación no sólo con los dominadores sino también con Pilato. El estallido de una posible rebelión derivada de la predicación de Jesús, habría significado la intervención de los superiores de Pilato y el final del poder político de la familia de Anás.

De esta manera se comprende el orden de la oración manifestada en el texto evangélico. Es decir: quería saber «con cuántos hombres contaba Jesús».

Respecto de la *doctrina*, conjeturamos que a aquel viejo astuto le interesaría saber cómo conseguía el Señor reunir multitudes sin haber realizado los estudios prescriptos por la ley, careciendo –por así decirlo– de un «título universitario» habilitante para enseñar. El anciano quizás creería que este Galileo había fundado una especie de asociación secreta con doctrinas y fines sospechosos; Cristo contestó: *«Yo públicamente he hablado al mundo; siempre enseñé en la sinagoga y en el Templo, donde se reúnen todos los judíos, y nada hablé en secreto. ¿Por qué me preguntas? Pregunta a los que me oyeron de qué les hablé; ellos saben lo que les he dicho»* (Jn 18, 20).

Tal manera de contestar, libre, parresíaca, resultaba inaudita ante un tribunal judío o ante las autoridades. Como narra Flavio Josefo, habitualmente los acusados de algún crimen tomaban una postura llena de *servilismo o lamebotismo* a fin de provocar la compasión del juez. En el caso de Cristo, su respuesta, firme pero serena, le valió un golpe en la mejilla, a la par que se le reprochó: «*¿Así respondes al sumo sacerdote...?*» (Jn 18, 22).

Cabe preguntarnos: ¿por qué no reprendió Cristo a aquél sumo sacerdote inicuo, tal como había hecho en otras ocasiones con escribas y fariseos, diciéndole que era un felón, un corrupto y un acomodaticio? Es una enseñanza grande la que el Redentor nos deja aquí que hubiese podido hacerlo. Nuestro Señor quiso someterse, para darnos ejemplo, ante quien detentaba el poder sacerdotal y para que se cumplieran las Escrituras, respondiendo con tranquilidad: «*Si hablé mal, da testimonio de lo que esté mal; pero si bien, ¿por qué me pegas?*».

Es decir, ni puso la otra mejilla para no aceptar otro pecado del prójimo ni respondió con una bofetada en vistas de un bien mayor. Con esto se daría por terminado el interrogatorio y sería remitido a Caifás, el pontífice oficial (Jn 18, 24). Es de notar, en este orden de cosas que, en el libro del Deuteronomio se lee que: «*si se encuentra entre vosotros un hombre o una mujer que cometen el mal ante el Señor, indagaréis exactísimamente si lo que se atestigua es verdad*» (Deut. 17, 2-6.). Vemos sin embargo que, con Cristo se hizo radicalmente lo opuesto: Anás debería haber comenzado con un interrogatorio exacto; al preguntar por sus *discípulos y doctrina* sin antes mencionar los cargos contra Jesús, hacía que el proceso sumase una nueva nulidad...

La misma bofetada, tantas veces representada en las pinturas, viciaba de nulidad el proceso, conforme se lee en la *Mishná* (Mis I, nº 4), que preveía la protección del acusado con *términos que respiren humanidad y benevolencia*).

Con Cristo sucedió todo lo contrario.

II) La visita a Caifás, los testigos falsos y la sentencia del Sanedrín.

Es muy probable que Anás y Caifás vivieran en alas diferentes de un mismo palacio [39], como se desprende de la descripción que hace San Lucas al aludir a la triple negación de Pedro (*no lo conozco*), pronunciada en presencia de Jesús, cuando el Señor era custodiado en el patio o al atravesarlo. Es decir que el interrogatorio de Anás, las negaciones de Pedro y el diálogo con Caifás habrían ocurrido en distintas partes de un mismo edificio como se deduce de lo que dice San Marcos al narrar que Jesús fue presentado a Caifás en una *sala del piso alto* (Mc 14, 66).

La visita comenzó –como dijimos– de noche. En el patio estaba encendido el fuego pues hacía frío. Todo debía darse con celeridad pues se encontraban ante la inminencia de la Pascua.

En casa del Sumo Sacerdote Caifás, estaban, «*todos los príncipes de los sacerdotes, los ancianos y los escribas*» (Mc 14, 53), es decir, las tres castas que formaban el Gran Sanedrín. Seguramente que a causa de la hora y por la prontitud de los acontecimientos, no estaban los setenta y un miembros reunidos; además, según la *Mishná*, bastaban con veintitrés para tomar una resolución.

Dice San Marcos que «*los príncipes... buscaban un falso testimonio contra Jesús y no lo encontraban aunque se habían presentado muchos falsos testigos*» (Mc 14, 55-57 y Mt 26, 59-60). Según Blinzler, en el proceso judío no existía fiscal oficial, por lo que los testigos servían de acusadores, de allí que se sobreentienda que estos ya estaban preparados para acusar al llegar de noche.

---

[39] Mc 14, 66 dice: «*Mientras Pedro estaba abajo en el patio...*» con la palabra griega *káto*, o sea, *abajo*, claro indicio de un recuerdo personal de Pedro, que habla bajo la pluma de Marcos, nos indica que la comparecencia de Jesús ante Anás no fue una planta baja sino en una planta superior.

Grande fue el número de testigos llamados, sin embargo, como *discrepaban* o *no estaban concordes* entre sí, sus declaraciones eran una tras otra declaradas inválidas en un intervalo lúcido del Sinedrio.

Los jueces estaban obligados a analizar atentamente las declaraciones, en especial el Sumo Sacerdote, quien debía examinar con extremo cuidado la calidad de los testigos y la verdad de sus testimonios (Deut. 19, 18: *«cuando después de un examen muy profundo, hubierais reconocido que el testigo»*). El acusado, por su parte, no podía ser condenado por una sola declaración[40], siendo, además, su propio abogado defensor (la ley judía no menciona abogados para los acusados por lo que cada uno debía defenderse a sí mismo). Por último, los mismos asistentes podían tomar la palabra a favor del acusado, cosa que se entendía un acto de piedad.

Los testigos, antes de declarar, debían prometer decir, en conciencia, la verdad a los jueces *«piensa que una gran responsabilidad pesa sobre ti...»* *(Mishná IV, n° 5)*, por lo que, para condenar a Jesús, sería necesario el soborno a fin de conseguir testimonios falsos. El soborno no debió ser pequeña cosa pues la pena para el falso testimonio era la misma con la que debía ser condenado el acusado, en caso de ser hallado culpable. Así, según el libro del Deuteronomio (19, 18-19): *«le tratarán como él intentaba tratar a su hermano, ojo por ojo, diente por diente»*.

En el caso de Jesús, se presentaron dos testigos que declararon juntos, *cosa que iba también contra la ley*, como señala el libro de Daniel en el caso de la casta Susana y los vejetes abusadores (Dan 13, 51: *«separadles unos de otros y yo los examinaré»*). Si una vez separados los testimonios no coincidían o se contradecían, debían ser descartados.

Las primeras testimoniales no «funcionaron», dijimos, por lo que los sumos sacerdotes buscaron otros que continuasen con pantomima, según Mateo: *«le hemos oído decir: "Yo destruiré este templo..."»* (Mt 26, 61), cuando las verdaderas palabras de Cristo habían sido: *«destruid este templo y yo lo reedificaré en tres días»*. Así siguieron

---

[40] En el derecho romano existía un principio jurídico similar al del derecho procesal judaico, que rezaba: *Testis unus, testis nullus* (testigo único, testigo nulo). Ver Deut. 17, 6.

los «testimonios», con palabras hipotéticas e insuficientes para constituir un cargo contra el acusado.

Por lo tanto, nos enfrentamos aquí a falsas deposiciones que reproducían las palabras de Jesús en sentido diverso del verdaderamente dicho. Cristo, al pronunciar las palabras alusivas al templo, hacía referencia al templo *vivo de su Sagrado Cuerpo*; en manera alguna tuvo intención de designar al templo material de Jerusalén. Esto lo aclara San Juan al afirmar expresamente: «*Él entendía hablar del templo de su cuerpo*» (Jn 2, 21).

Pero veamos un poco más esto de «destruir el templo». Para ello seguiremos el análisis etimológico que hacen los hermanos Lémann (los dos ex-rabinos ya citados) sobre el significado de las palabras y su contenido. Cristo usó la palabra *solvite*, término que los testigos interpretaron en el sentido de *destruid*, pero que en su acepción obvia y natural, significa propiamente *romper los lazos*: «Romped los lazos del templo». Locución que se refiere a un cuerpo animado, templo viviente cuyos lazos se pueden romper por la muerte, y de ninguna manera al Templo material. La palabra griega *catalyoo*, según el clásico diccionario Bailly significa: *disolver, destruir, trastocar*, vgr.: *pólin, dêemon* es decir *voltear la democracia, el poder o alguien del poder*; en segundo lugar significa, *dejar ir*, también: *hacer cesar, terminar, poner fin a* (vgr.: *ton bíon*) y por último alude a *desatar caballos y cabellos*.

También el término utilizado *lýoo* significa en primer lugar *desatar*, en sentido propio «a alguien de las cadenas», etc.; por extensión: dejar ir; y en segundo lugar, *disolver* una píldora, de allí romper una asamblea, un puente, las filas del ejército, las rodillas (matar), terminar, corromper, resolver un problema, explicar.

Pero, por si aún nos quedase alguna duda, la frase final de Jesús es: «*...y en tres días lo resucitaré (excitabo)*». Nuevamente el verbo utilizado tiene una connotación viva; Bailly dice del verbo utilizado, *egeíroo implica*: 1) *hacer levantar, de allí despertar*, vgr. del sueño, *a los muertos* (utilizado en Mt 10, 8 y Jn 5, 21); en segundo lugar se alude a *erigir* (vgr. una construcción) y por último, *excitar*, impulsar, (vgr. al trabajo). Cristo no dice: *"lo reedificaré"*, *aedificabo*, que sería en un sentido material. Si hubiera aludido al Templo material, se habría servido de las palabras destruir y edificar; pero como pensaba en un templo místico, en Su Sagrado Cuerpo, empleó los términos romper los lazos y resucitar.

III) Caifás interrogó a Jesús

Según se lee en San Mateo (Mt 26, 62), el mismo Caifás tomó el toro por las astas, agregando una nueva nulidad a la causa (¿y ya van...?), pues el mismo juez devino en *juez y parte al mismo tiempo*, como se dice en los tribunales. Toda legislación y especialmente la hebrea prohibía que el juez acusase al imputado: «*si un testigo se encarga de acusar a un hombre de haber violado la ley, en esta diferencia que tendrán entre sí, se presentarán los dos ante el Señor, en presencia de los sacerdotes y jueces que entonces estén en ejercicio*» (Deut. 19, 16-17). Es decir, el acusador y el juez deben ser distintos; pero la suerte estaba echada y, como había dicho Caifás: «*es necesario que uno muera por todos*» (Jn 18, 14).

Caifás volvió a preguntar directamente sobre su propio testimonio mesiánico: «*¿Eres tú el Mesías, el Hijo del Bendito?*» (Mc 14, 61); tengamos en cuenta que el sumo sacerdote sustituye la palabra *Dios* porque no podía pronunciarla, poniendo la palabra *Bendito* como una aposición de Mesías, a modo de título honorífico. Vale tener en cuenta aquí, que el judaísmo farisaico aguardaba un Mesías completamente humano, de allí que la pregunta apuntase a la pretensión mesiánica de Jesús, y no a su filiación divina. Este momento es un punto culminante del interrogatorio; Mateo cita a Caifás: «*te conjuro por el Dios vivo que me digas...*», es decir, intentando forzar a Cristo con un Sí o un No inmediato. Pero el Mesías contestará de manera distinta: «*Yo Soy, y veréis al Hijo del Hombre sentado a la diestra del Padre... venir sobre las nubes...*» (Mc 14, 62).

En realidad, cualquiera fuese la respuesta de Cristo, la condena estaba escrita: *si Jesús negaba ser el Mesías, sería condenado por impostor y si confesaba serlo, moriría por blasfemia.*

IV) Se obligó a Cristo a declarar contra sí mismo

Y aquí encontramos una nueva nulidad pues, el juramento era obligatorio solo para los testigos pero estaba prohibido para el acusado (*nadie puede ser obligado a declarar contra sí mismo,* señalan las normas más elementales de derecho procesal). De lo contrario se lo ponía en la situación de «perjurar» o de «incriminarse»; lo mismo decía la Mishná: *tenemos por fundamento que ninguno puede perjudicarse a sí mismo.*

Sin embargo, para regocijo de la iniquidad, todo ocurrió al revés: ningún juramento se pidió a los testigos, *pero sí al acusado.* Y así, vino el delito de *lesa mesianidad;* Cristo confiesa ser el Mesías y los testigos sobran ahora; «ha cometido el delito de *blasfemia*»[41], ofensa o injuria contra Dios que la ley judía castigaba con la pena de muerte por lapidación.

Caifás rasgó sus vestiduras: «*¿Qué necesidad tenemos ya de testigos?*»; y vinieron los maltratos, golpes y escupitajos (Mc 14, 65), y se decidió entregar a Jesús al procurador romano.

Todo esto fue llegando el amanecer[42].

---

[41] Etimológicamente «blasfemia» proviene del verbo griego *femí, decir,* y del adjetivo *melcos,* que significa *vano, inútil.* Lo que equivale a decir una *expresión desgraciada, vana o infortunada.*

[42] El distinto orden de los acontecimientos según San Lucas –Cap. 22– (prendimiento y conducción ante el sumo pontífice, negación de Pedro, ultraje, reunión del Sanedrín al amanecer e interrogatorio de Jesús sobre su mesianidad, etc.), se explica como una técnica literaria, donde se da a la narración un carácter seguido y se reduce a un solo relato el proceso del Sanedrín, que en Marcos se divide en dos. Por ello, Lucas pasa por alto, prácticamente, el interrogatorio, porque no tuvo ningún resultado, dando una noticia sumaria del proceso para no complicar a sus oyentes que no conocían el derecho judío.

El gesto de indignación de rasgarse las vestiduras, ya fuese espontáneo o fingido, constituía un acto obligado, con una reglamentación específica, sobre todo ante casos de blasfemia. Incluso Marcos (Mc 14, 64) acompaña el acto con un: *«Habéis oído la blasfemia. ¿Qué os parece?»*, y Mateo (Mt 26, 65) dice: *«¡Ha blasfemado!»* Evidentemente estamos ante una relación entre la causa (la expresión de blasfemia) y el efecto (rasgarse las vestiduras) que no resulta de la fantasía de los evangelistas, sino de las normas religiosas y jurídicas de la época.

Como el derecho criminal judío no preveía una apelación, la sentencia era confirmada inmediatamente. Sin embargo, como los judíos no podían ejecutar una sentencia de muerte, decidieron acudir a la jurisdicción romana en la persona del procurador.

Remarquemos una vez más que, el *hecho* que sirvió de base jurídica a la sentencia del tribunal, fue el *testimonio mesiánico* de Jesús sobre sí mismo. Esta primera sentencia del Tribunal es fundamental en el proceso, pues de ella deriva la responsabilidad de los judíos en la crucifixión.

Blinzler cree que el Sanedrín dictó una formal sentencia de muerte: *«y todos sentenciaron que él era reo de muerte»* (Mc 14, 64). Vale tener en cuenta que la palabra griega *katekrinon* no se refiere a un simple veredicto sino a una verdadera sentencia, de allí que (Mt 27, 3) cuando Jesús fuese conducido a Pilato, Judas se arrepintiese al oír que, su maestro, *había sido sentenciado (katekrite)*.

¿Existieron en torno a este sentenciar vicioso más nulidades? Claro que sí. Enumerémoslas:

V) El momento en que se dicta sentencia

La sentencia fue dada el día mismo en que comenzó el proceso, violando así la ley que decía: *«todo juicio criminal puede terminarse el día mismo en que ha comenzado, si el resultado de los debates es la absolución del acusado, pero si debe pronunciar una pena capital, deberá concluir al día siguiente»* (Mishná, Cap. IV, n° 1), cosa que no ocurrió en nuestro proceso, donde Cristo fue sentenciado *inmediatamente.* Los sanedritas, además, estaban obligados a poner una noche de intervalo entre la clausura de los debates y el pronunciamiento de la sentencia: *«si se debe pronunciar pena de muerte el proceso acabará al día siguiente»* (Mishná, Cap. V, n° 5).

Regularmente sucedía que, cuando un proceso se daba, durante la noche intermedia, los jueces, de vuelta a sus casas y reunidos en ella de dos en dos, debían recomenzar en particular el examen del crimen, pensando en conciencia las pruebas presentadas contra el acusado y las razones alegadas.

A fin de deliberar sanamente, los magistrados estaban obligados a abstenerse durante esa noche de comer con abundancia, de tomar vino y licores, y de todo lo que pudiera hacer que sus ánimos estuvieran menos expeditos para la reflexión. Ya de vuelta al día siguiente en la sala de justicia, se emitía, por turnos, la opinión de cada uno.

VI) No hubo deliberación

Los jueces por la sola aserción de Caifás dieron precipitadamente una sentencia de muerte (Mishná, Cap. V: *«habiendo diferido el juicio, se reúnen los jueces y vuelven a hacer entre ellos el examen de la causa»).*

VII) Los dos escribas no recogieron los votos

Ni los jueces votaron uno a uno (Mishná, Cap. IV, n° 3: *«a cada uno de los extremos del Sanedrín se coloca un secretario, encargado de recoger los votos. Uno recoge los votos absolutorios y el otro los condenatorios».* En ese momento ninguno de los presentes dijo nada (el Evangelio dice *todos,* omnes, *exclamaron: es reo de muerte).* En esta sesión nocturna, los dos únicos miembros del Sanedrín (Nicodemo y José de Arimatea) que ciertamente habrían tomado la palabra en defensa del acusado, no estaban presentes. Esto agrava la irregularidad de la sesión, pues era la noche de la Pascua y no se podían juntar.

VIII) *Cristo fue condenado por voto en masa*

Cosa contraria a la ley (Mishná, Cap. V, n° 5 «*cada uno a su turno debe absolver o condenar*»).

IX) *Había obligación de pesar atentamente la respuesta del acusado*

Cosa que no se hizo, es decir: cada miembro del jurado debió sopesar: ¿es o no es Hijo de Dios este que habla?

X) *La sentencia contra Jesús fue pronunciada en local prohibido*

Es decir, en la casa de Caifás, mientras que debía ser dictada en la «sala de las piedras cortadas», lugar fijado para los juicios capitales bajo pena de nulidad. Según la tradición talmúdica, sólo había una sala en Jerusalén habilitada para pronunciar la pena capital, y era la llamada *Gazith* o *sala de las piedras cortadas*, situada en una de las dependencias del Templo; se llamaba así, por haber sido constituida con piedras cuadradas, muy lisas y de gran lujo. La costumbre apareció un siglo antes de Cristo y tenía fuerza de ley, por lo tanto toda sentencia pronunciada fuera de esta sala era nula.

6) PONCIO PILATO Y UN NUEVO PROCESO

Como ya hemos visto al principio, el Sanedrín de Jerusalén podía proceder contra los peregrinos que se hubiesen hecho culpables de un delito religioso castigado con la pena de muerte según la ley judía; pero era el procurador quien tenía el *imperium* para ejecutarla o desecharla según un nuevo proceso.

Ahora bien, a esta altura de los acontecimientos se impone una pregunta: ¿por qué no fueron los magistrados, desde un inicio, con la acusación de blasfemia ante Pilato? La respuesta es sencilla: porque aunque no podían, querían aplicar su propia ley en todos los casos que fuese posible. La primera sentencia de muerte del tribunal judío ejercería una presión moral sobre el juez romano: «*nosotros tenemos una ley, y, según esa ley debe morir*» (Jn 19, 7). Sin embargo, dado el poco sustento que la acusación de blasfemia poseía para la ley romana, disfrazaron un delito religioso –la blasfemia– con un delito político -la sedición. Es por ello que la decisión de Pilato no será una simple confirmación administrativa de la sentencia de muerte judía, sino un nuevo un proceso que poseía, por su causa, una sentencia inmediata para los extranjeros donde inmediatamente el procurador, en la lengua utilizada para las provincias orientales (el griego *koiné*) actuaba como único juez aplicando la sentencia inmediata.

¿Y quién era Poncio Pilato?

Pertenecía a la familia de los Poncios, originaria probablemente del territorio samnita [43], próximo a Benevento y era por entonces el quinto procurador romano de la provincia de Judea donde residiría por espacio de diez años (del 26 al 36 de nuestra era). No vivía en Judea –como comúnmente podría creerse– sino en Cesarea Marítima [44], a cuatro o cinco días de caminata y sólo viajaba a Jerusalén en ocasiones especiales (fiestas nacionales, Pascua, etc.) hospedándose en una de las alas del gran palacio de Herodes, siendo el pretorio, su residencia oficial.

---

[43] Región habitada por la tribu del mismo nombre, asentada en el centro de Italia.
[44] Ciudad así llamada en honor a Cesar Octavio Augusto, patrón político de Herodes I, el Grande. Cesarea Marítima, formaba parte de uno de los cuatro territorios –tetrarquías– heredados por los hijos del idumeo. Arquelao fue su tetrarca hasta caer en desgracia frente al César, de modo que dicha región pasó a ser regida directamente por los procuradores romanos. Geográficamente la *Caesarea Palaestinae* se encuentra a medio camino entre las actuales Tel Aviv y Haifa.

En el caso que nos ocupa, la actuación de Pilato en calidad de juez romano, ocurrirá en la víspera de la Pascua del año 784 de la fundación de Roma, durante las festividades de la primavera. Fue esa la mañana fatídica en la que intervendrá para juzgar al menos a cuatro hombres: a Barrabás, a los dos ladrones y al Nazareno.

Y no eran tiempos tranquilos aquellos ya que existían algunos antecedentes de choques entre el pueblo y los soldados romanos. Las revueltas se sucedían a menudo por Judea. De hecho, poco antes del primer Jueves Santo de la historia, algunos soldados romanos habían ingresado en la ciudad santa con insignias y estandartes en favor del emperador, lo que había levantado polvareda entre los judíos más observantes.

Es decir: el ambiente estaba caldeado y algunos judíos nacionalistas se habían hecho oír, lo que motivaba una reacción que no tardó en aparecer: Pilato, sin ceder un centímetro, amenazó con degollar a los rebeldes en el hipódromo pero el efecto buscado fue el contrario pues muchos judíos descubrieron sus cuellos y gritaron que estaban dispuestos a morir.

No serían las únicas medidas de Pilato: durante su controversial mandato, se apoderará del dinero del tesoro del Templo para construir un acueducto que llevase agua a Jerusalén (acto que el pueblo judío tomará por sacrílego y por el que varios morirán en enfrentamientos) y hasta cargará ferozmente contra los samaritanos, cosa que le costará el cargo en el año 36, luego del caso Jesús[45].

¿Cómo será el proceso ante Pilato? Veámoslo someramente.

---

[45] Ciertos samaritanos que seguían a un pseudo-profeta llamado Garizín fueron golpeados y aprisionados por orden de Pilato. Los samaritanos –que no eran completamente hostiles a los romanos– se quejaron al legado Vitelio, quien hizo marchar a Pilato a Roma para justificar su conducta frente al emperador, luego de lo cual fue depuesto como procurador de Judea tomando Marcelo su lugar.

Jesús es llevado ante el procurador sin que los judíos quisieran entrar en el pretorio para no impurificarse y poder comer el cordero pascual.

«- ¿Qué acusación traéis contra este hombre?

- Si no fuera malhechor no te lo traeríamos.

- Tomadle vosotros y jugadle según vuestra ley.

- Es que a nosotros no nos es permitido dar muerte a nadie» (Jn 18, 28-31).

Los judíos eran conscientes de la encrucijada en la que se encontraba Pilato ante este problema político-religioso. Religioso sí, pero *¿político?* ¡Claro! Porque era lo único que podía interesarle al romano: *quiere ser rey de los judíos* –le dirán.

Intentando sacarse el caso de encima, Pilato apelará a una falta de jurisdicción unida a una ironía invitándolos a que lo juzguen por su propia ley (sabiendo que los judíos podían juzgar sólo casos religiosos no condenados con la pena capital), pero enseguida preguntará al acusado:

- «*¿Eres tú el «rey de los judíos*?»* –demostrando que tenía conocimiento de lo que el título significaba.

El título de «rey» poseía un carácter netamente político; y es lo único que podía interesarle a Pilato (por el delito puramente religioso de *blasfemia* no se habría interesado el procurador) puesto que la acusación de «rey» no le podía ser indiferente teniendo en cuenta los deseos de libertad e independencia que existían por entonces en Judea. El caso podía implicar un intento de subversión política y, por ende, estar tipificado como delito de «alta traición». Fue ésta y no otra la razón que llevará a los sanedritas a poner sus esperanzas en el «cambio de carátula» o en la transformación de la acusación.

El título de *rey de los Judíos* en el concepto romano era algo preocupante para Roma, a pesar de que era muy diverso de lo predicado por Jesús, y no porque no lo fuera. Habían sido precisamente los judíos quienes habían tildado de blasfemo al Nazareno por no confirmar su mesianismo con pruebas externas de poder político, triunfante y nacionalista. Y ahora lo acusan de eso mismo. De «hacerse rey».

- «*¿Eres el rey de los judíos?*»* –preguntó Pilato.

Cristo no podía contestar con un rotundo *sí* aunque lo era; nada estaba más lejos por entonces de un reinado terreno (mundano). Pero tampoco podía negarlo, pues como Mesías e Hijo de Dios, claramente lo era[46].

---

[46] No entramos aquí en la discusión teológica del reinado social de Cristo. Para ello remitimos a la encíclica *Quas primas* de Pío XI.

Por esto mismo contesta afirmativamente, pero con una reserva, aclarando la manera como entendía aquel reino: *Tú lo dices* (Mc 15, 2). Si hubiese contestado un rotundo «sí». Pilato habría inmediatamente dictado sentencia [47], pero como no fue así, Pilato se vio obligado a ampliar la acusación.

¿Y de qué lo acusaban los sumos sacerdotes?

Primero, de amotinar al pueblo: *«subleva al pueblo enseñando por toda la Judea, desde la Galilea hasta aquí*; segundo de prohibir pagar el tributo; por último de auto-proclamarse el "Mesías-rey"»* (Lc 23, 2-5).

Tras oír esto Pilato invitará al acusado a defenderse; pero Cristo callará…

Ya había aclarado antes, dentro del pretorio, que su reinado no era «de este mundo» (Jn 18, 33-37), lo que no significaba que no lo fuese, sino que éste no provenía desde aquí abajo, como quien dijese, de un poder «consensuado» o «democrático».

No había nada más que hacer. Pilato estaba convencido de que el hombre que tenía delante ni era especialmente un delincuente político ni era un blasfemo; quizás se trataba –habrá pensado– de un utopista digno de lástima: *«Yo no hallo en él ningún crimen»* (Jn 18, 38 y Lc 23, 4), dirá el romano.

Si Pilato hubiese creído en la peligrosidad política del acusado, sin duda jamás habría dejado que escaparan impunes sus discípulos de quienes ni se preocupó por aquellas horas dramáticas [48]. Todo lo contrario: cuando fuesen perseguidos los amigos de Jesús por parte de las autoridades judías, serían los mismos romanos quienes los protegerán.

---

[47] Hecho al que se hubiera sumado la inmediata orden de arresto para todos sus discípulos.
[48] «¡Oh Padre! Ninguno he perdido de los que Tú me diste» (Jn 18, 9).

a. ¿Hubo un «informe romano» del proceso de Cristo?

No es improbable que el procurador de Judea, Poncio Pilato, haya efectuado un «informe» del juicio a su superior, el emperador Tiberio. No olvidemos que Judea, se encontraba entre las provincias que eran miradas con recelo por Roma a causa de sus rebeliones. Tan solo medio siglo después de la muerte de Cristo estallará allí una de las más encarnizadas revueltas que el Imperio deberá afrontar a lo largo de su historia por lo que no era extraño que se encomendase siempre máxima prudencia y flexibilidad con los judíos[49]: «*era de sobra conocida la insaciable curiosidad de Tiberio, que quería estar informado de cualquier acontecimiento que sucediese en el Imperio, en especial de los más singulares; y más todavía, si pudieran tener algo de mágico o de sagrado*»[50]– nos dice Papini.

¿Y qué se dijo del proceso de Cristo?

Algunos como Blinzler señalan que todos los procesos por «alta traición» debían ser comunicados sin excepción a Roma; lo mismo señala Lidia Storoni Mazzolani, otra estudiosa del tema al decir que «*es probable que existiera un informe dirigido al emperador. Y también es posible que Tiberio hubiera querido saber algo más al respecto*»[51]. En concordancia con ello, afirma Marta Sordi:

> «Esta relación existió seguramente… Pilato, que probablemente no habría visto la necesidad de informar a su emperador acerca del proceso de Jesús, debió de informarle cuando, al difundirse por toda la provincia la nueva fe, topó con la rabiosa intransigencia del Sanedrín que desencadenó una serie de procesos y ejecuciones arbitrarios que amenazaban con afectar a una gran número de personas en Judea y en las regiones próximas... Dado el convencimiento de Pilato, reforzado durante el proceso, de la inconsistencia de las

---

[49] A la muerte del protomártir San Esteban (ocurrida cuatro años después de la muerte de Jesús) Pilato debió enviar una relación de lo sucedido al Senado.

[50] VITTORIO MESSORI, *op. cit.*, 91.

[51] *Ídem*, 89.

acusaciones políticas y de la inocencia del crucificado, es muy probable que la relación citada por los autores cristianos del siglo II fuese en efecto favorable a los cristianos, poniendo de relieve que la nueva fe no conllevaba peligros de naturaleza política. La expresión *"Pilato que ya era cristiano en su conciencia"* que emplea Tertuliano se explica quizá por un informe favorable, sin necesidad de afirmar una conversión de Pilato (...). Informado del desarrollo de los acontecimientos, Tiberio se decidió a intervenir. En efecto, la noticia de la aparición de una nueva secta judía, perseguida por las autoridades oficiales, pero acogida por parte del pueblo, y cuya difusión eliminaba del mesianismo toda clase de violencia política anti-romana acentuando los aspectos religiosos y morales, no podía dejar de interesar a Tiberio»[52].

Y continúa diciendo Sordi: «la actitud que Tertuliano atribuye a Tiberio de una propuesta que da origen a un senadoconsulto[53], lejos de ser inverosímil encaja perfectamente con la estrategia política seguida hasta entonces en Palestina. Al proponer el reconocimiento del culto a Cristo, Tiberio buscaba dar a la nueva religión nacida en el seno del judaísmo, idéntica carta de naturaleza legal que al judaísmo reconocido por Roma en la época de Julio César, e intentaba también de este modo sustraer a los seguidores de la nueva fe en Judea (ámbito de difusión en el 35) de la autoridad del Sanedrín. Poco después de la creación de la provincia romana, se había seguido la misma estrategia con los samaritanos, sustraídos de la tutela religiosa judía; pues de ese modo, Roma se aseguraba su fidelidad»[54].

---

[52] *Ídem*, 91-92.

[53] Dice el Dr. Ossorio en su ya clásico *Diccionario*: «Senadoconsulto: En el Derecho Romano era una de sus fuentes y estaba representada, según explica L. R. Argüello, por la decisión normativa del Senado romano, producto final de múltiples consultas y opiniones. Puede definirse, siguiendo las enseñanzas de Gayo y de las Instituta de Justiniano, diciendo que es lo que el Senado ordena y establece» (cfr. Manuel Ossorio, *Diccionario de Ciencias Jurídicas Políticas y Sociales*, Editorial Heliasta Bs. As. 2018, 883.

[54] Vittorio Messori, *op. cit.*, 94. Tan importante era el respeto de la religión local que Pilato perderá su cargo justamente por maltratar a los samaritanos.

Entre los autores cristianos de los primeros siglos, Tertuliano también dejaría un testimonio análogo: convertido al cristianismo desde el paganismo escribía hacia el año 197:

> «Pilato, que era cristiano en su conciencia, comunicó todos los hechos referentes a Cristo al entonces emperador Tiberio (…). Después Tiberio, bajo cuyo reinado el nombre de cristiano apareció por primera vez en el mundo, sometió al Senado los hechos que le habrían sido referidos desde Siria y Palestina, hecho que habría puesto de relieve la verdad de la divinidad de Cristo, y manifestó su parecer como favorable. Pero el Senado, no habiendo podido verificar por sí mismo los hechos, votó negativamente. Pero el César persistió en su convencimiento y amenazó con castigar a los acusadores de los cristianos» [55].

La misma información aparece en otros autores cristianos primitivos como Eusebio de Cesarea, San Jerónimo y Orosio.

Es que los romanos eran más bien proclives a aceptar las nuevas divinidades, como nos dice Minucio Félix, otro apologista cristiano: *«los romanos tenían la costumbre de invitar a los dioses de todos los lugares a convertirse en sus huéspedes»* [56]. Su política de tolerancia, que se basaba a la vez en sus intereses políticos concretos y en el temor supersticioso de crearse enemigos entre los dioses, llevaba a los romanos, cuando conquistaban un territorio, a presentar la religión del pueblo sometido ante el Senado que acostumbraba a dar su conformidad declarándola *religio licita* y ordenando que sus dioses pasaran a formar parte del *Panteón* romano.

Ahora bien, podía darse el caso de que, ciertas religiones, por diversos motivos, fuesen declaradas también como *superstitio illicita* (cosa que pasará años más tarde con el cristianismo por sus ansias de no querer ser tratada como «una religión más», sino como la única religión verdadera).

---

[55] *Ídem*, 92.
[56] *Ídem*, 93.

Pero volviendo al «informe de Cristo», aunque hasta el momento no hay un documento definitivo, existen testimonios de autores cristianos antiguos que se refieren (o citan la existencia) a un informe. Así, San Justino, palestino nacido en *Siquem*[57], pero perteneciente a una familia latina inmigrada a Samaría, menciona expresamente en uno de los fragmentos de su *Apología* (año 150) un informe de Pilato: «Lo que verdaderamente sucedió, podéis comprobarlo en vuestros archivos, en las "actas" de los acontecimientos sucedidos bajo Poncio Pilato»[58].

El mártir, remite a los archivos, con objeto de probar el cumplimiento en Jesús de las profecías de las Escrituras judías o para fundamentar sus propios argumentos. Su *Apología* está dirigida al propio emperador, Antonino Pío[59], a los senadores y a la alta sociedad romana, es decir, a todos aquellos que si hubieran querido, habrían podido tener acceso a los archivos imperiales referidos.

---

[57] Ciudad situada en la montaña de Efraím, entre los montes Garizim y Ehal, mencionada en numerosas oportunidades en las Sagradas Escrituras. En Siquem Jesucristo convirtió a la samaritana.

[58] VITTORIO MESSORI, *op. cit.*, 84.

[59] *Caesar Titus Aelius Hadrianus Antoninus Augustus Pius* (86, Lacio-161, Etruria). Emperador romano durante los años 138 a 161. Era de origen galo. Cumplió diversas funciones administrativas y judiciales en Italia y Asia antes de suceder a Adriano, de quien fue consejero durante su gobierno. Sofocó rebeliones en Britania y continuó con la *Pax Romana* emprendida de su antecesor. Dicen los PP. Llorca – García Villoslada – Montalbán que bien merecido tuvo el apelativo con que la historia le consagró (*Pius*), pues uno de los propósitos de su reinado fue evitar que se derramara sangre cristiana, mandando que no se toleraran los tumultos contra los cristianos. Ahora bien, ello no significa, como bien reseñan los citados autores, que no existiesen martirios, pues la muerte de San Policarpo de Esmirna –entre otros– desmiente tal afirmación, aunque fueron persecuciones *individuales y aisladas* realizadas por chusmas excitadas, al decir de los historiadores invocados. (Cfr. GARCÍA VILLOSLADA, R. – LLORCA, B. – MONTALBÁN, F.; *Op. cit.*, 188 y ss.

b. Intervención de Prócula, esposa de Pilato

«*Mientras estaba sentado en el tribunal, su mujer le mandó decir: No te metas con este justo, porque hoy, en sueños he sufrido por su causa*» (Mt 27, 19). La Vulgata dice «*nihil tibi et iusto illi*», dando un matiz más fuerte, «*no tengas nada que ver con ese justo*», aclaremos que la palabra griega *dikaios* también admite la traducción jurídica de *inocente* o, simplemente «santo».

Para quien pueda maravillarse de la participación de una mujer ante un tema de tal seriedad, Blinzler nos refiere que «este episodio no contiene nada que no sea concebible desde el punto de vista histórico. Se puede incluso demostrar que a los gobernadores romanos de la época de Tiberio les era permitido llevar consigo a sus esposas. Asimismo otras fuentes nos informan de las romanas nobles que estaban interesadas por la religión judía» [60].

[60] Vittorio Messori, op. cit., 75.

Es más: sabemos que muchas mujeres romanas (sobre todo de familias acomodadas) se interesaban por la religión judía, hasta el punto de hacerse *temerosas de Dios* o *prosélitas* y aceptar la práctica de al menos una parte de las normas de la *Torah*. Semejante costumbre incluso penetró en el palacio imperial.

Según Tácito, Popea, una de las esposas de Nerón, llegó a ser prosélita y, si esto era frecuente entre las matronas que vivían en Roma, cuánto más lo sería respecto de las que vivían en la misma Judea[61].

7) CRISTO ANTE HERODES ANTIPAS

Durante la Pascua Judía en la que murió Jesús, se encontraban en Jerusalén tanto Poncio Pilato como Herodes Antipas, tetrarca de Galilea y personaje independiente a la jurisdicción de Pilato. Según el evangelista San Lucas (Lc 23, 12) sabemos que, por entonces, no había buenas relaciones entre ambos; por un lado, a raíz de que el procurador romano había hecho matar en el Templo de Jerusalén a algunos galileos (Lc 13, 1) pero por otro, porque Herodes Antipas espiaba para Tiberio a los magistrados romanos destinados en Oriente.

Herodes se había educado en Roma (allí conocerá, en el año 28, a Herodías, esposa de su hermano Filipo); era naturalmente judío pero sólo aceptaba las prescripciones de modo puramente nominal. Admiraba a Roma; tanto que cuando mandó construir su capital junto al lago de Genesaret, la dotó de una fisonomía grecorromana imponiéndole el nombre paganizante del emperador con quien quería congraciarse: *Tiberíades*, por Tiberio. Pero no sólo eso: edificó la

---

[61] Como nota de color, podemos afirmar que para los ortodoxos –separados de la verdadera Iglesia de Cristo hacia el año 1054–, la mujer de Pilato se ha convertido en Santa Claudia, Prócula (o Procla) y celebran su fiesta el 27 de octubre (para entender cabalmente el proceso que motivó el Cisma de Oriente remitimos a la obra de GARCÍA VILLOSLADA, R. – LLORCA, B. – MONTALBÁN, F.; *Op. Cit.*, Tomo II, 210-244 y ssgtes.

ciudad sobre un cementerio convirtiéndola en impura para los judíos practicantes (que jamás ponían los pies en ella), de allí la razón por la cual, en toda la vida pública de Cristo jamás entrara en esa ciudad, la más importante de la tetrarquía.

Su servilismo (Cristo lo calificó de «*zorro*»[62]) lo convertía en especial para Pilato pues, por un lado, podía informarle de lo que se decía de él en Roma y, por otro, podía ser –por momentos– un aliado potencial frente a los judíos ortodoxos.

Casado con la esposa de su hermano era considerado por todos como un adúltero público para la Torah, lo que, sumado a su astucia, lo hacía un personaje odioso considerándolo incluso alguien que ni compartía la propia raza (había en él mezcla de sangre árabe, samaritana e idumea, amén de su educación pagana).

Herodes también tendrá intervención en el proceso de Cristo cuando Pilato le de intervención.

Pero estamos ante Pilato quien, varias veces intentará salvar al Señor.

La primera vez será ante la acusación de los judíos de que Cristo sublevaba con su magisterio al pueblo «empezando por Galilea hasta Jerusalén»; Pilato al ver que Cristo era «natural» de Galilea (no por el nacimiento, sino por el domicilio), lo mandará ante Herodes que, se hallaba para la Pascua en la Ciudad Santa, pues la ley romana, y la judía, permitían la competencia de acuerdo al *domicilio habitual* de la persona, y no al lugar de origen o nacimiento.

---

[62] Dependiendo de la traducción de las Sagradas Escrituras, se utiliza como sinónimo de «zorro» el término «raposa» (llamativamente en género femenino). Don Francisco de Quevedo Villegas en su obra *Política de Dios, y gobierno de Christo* dice que Cristo llama así a Herodes por ser infiel, hereje, tirano y dado al regalo; asimismo, el apelativo le cabe a los gobernantes que se inclinan por favorecer a personas ambiciosas y «descaminadas» –tal el caso del tristemente favoritismo de Herodes por Herodías (cfr. FRANCISCO DE QUEVEDO VILLEGAS, *Política de Dios, y gobierno de Christo*, Imprenta de Sancha, Madrid 1790, 80 y 247.

No estaba Pilato obligado a enviarlo ante el rey Herodes, pero era un buen modo de sacarse el problema de encima, apelando a una «falta de jurisdicción». Claramente que Herodes tenía cierta competencia (era un príncipe vasallo de Roma, investido con el derecho de hacer justicia) pero se trataba solamente de una competencia personal[63], pudiendo intervenir en virtud del principio del *forum delictii comissi*[64].

Es más: incluso si Herodes hubiese encontrado culpable al Nazareno, no habría tenido la potestad para ejecutar sentencia ni siquiera acogiéndose al principio de extraterritorialidad[65]. Era una chicana de Pilato, nada más, que buscaba más bien una opinión de Herodes quien podía conocer el caso mucho mejor, habida cuenta que las actividades de Jesús se desarrollaron gran parte en su territorio.

El Sanedrín había centrado todas las acusaciones contra Jesús en el plano en el que el representante de Roma era más sensible –el plano político por delito de «lesa majestad»– pero el procurador sabía que el problema de fondo era esencialmente religioso. A esta oportunidad «técnica» de pedir opinión a Herodes, se unía también una oportunidad política: la de retomar las relaciones con el reyezuelo.

Como señala Blinzler,

---

[63] Potestad de decidir en un juicio en virtud de la jerarquía funcional o dignidad que se ostenta.

[64] Competencia en virtud del lugar de comisión del hecho delictivo. En rigor, el principio del *forum delictii comisii* habilitaría la competencia de cualquiera de los tres tetrarcas de la época, dado que Cristo recorrió numerosas ciudades sitas en las diferentes tetrarquías (recuérdese que la tetrarquía de Herodes Arquelao pasó a manos de Poncio Pilato).

[65] El principio de extraterritorialidad es una ficción jurídica, consistente *grosso modo* en suponer que los regentes continúan residiendo en el territorio que gobiernan (vgr.: Galilea) y no en el territorio en que verdaderamente se hallan (vgr.: Judea). Herodes Antipas se encontraba en Jerusalén, lejos de su tetrarquía, pero en virtud de los principios jurídicos en juego, Pilato lo consideró juez competente –al menos para instruir causa o como magistrado con opinión consultiva.

«Pilato no debió encontrar placer especial en que Herodes no quisiese hacerse cargo del asunto. Si, a pesar de todo, la tirantez existente entre Herodes y Pilato se resolvió precisamente por este asunto, debió de ser porque era Pilato el que estaba especialmente interesado en la reconciliación. Hay razones que confirman esta suposición. Al parecer la enemistad había sido motivada porque Herodes había tomado parte en la acción judía contra Pilato a causa de la colocación de los escudos en el palacio de Jerusalén. Si Pilato quería que Herodes no le siguiese tomando a mal este paso suyo, debía hacer todo lo posible para que esta tirantez desapareciese» [66].

Es rigurosamente histórico, según Flavio Josefo, que Herodes Antipas era gratísima persona para el emperador Tiberio (algunos años después del proceso de Jesús, en el año 36, Tiberio recibió de aquél ciertos informes reservados sobre las negociaciones de Vitelio, gobernador de Siria, con los partos). Es completamente verosímil entonces que el procurador, al oír la palabra *galileo* aprovechase el suceso como un pretexto para reconciliarse con aquél.

Es decir: no se trató de una renuncia de Pilato a su jurisdicción penal, sino una actividad claramente romana o, lo que es lo mismo, político-diplomática: un acto de deferencia hacia un soberano local, amén de un interés personal. Por otra parte -y siempre de acuerdo con el arte de gobernar- una opinión de quien tenía autoridad sobre Galilea resultaba especialmente oportuna, puesto que de aquella región procedían los nacionalistas más fanáticos: los zelotes.

Por último, el gesto de cortesía de Pilato respondía a una última astucia: la de poner en su lugar al Sanedrín que, pese a estar compuesto en su mayor parte por «colaboracionistas» con Roma, se veían frecuentemente tentados a alzar la voz contra el procurador. Enviar a Jesús a Herodes (un personaje particularmente mal visto y despreciado por los judíos) era, si no absolutamente necesario desde el punto de vista legal, una auténtica bofetada al Sanedrín, que de este modo veía limitado su poder en beneficio de un reyezuelo adulterino.

[66] JOSEF BLINZLER, *op. cit.*, 251-252.

Todo esto sumado a que Pilato «ganaba tiempo».

Porque Pilato no quería condenar a Jesús pero declarando su absolución (como debería haber hecho) se hubiese tenido que enfrentar a los sanedritas pues no sólo pondrían el grito en el cielo sino que incluso podían recibir –como falsos acusadores– la misma condena prevista para el infamado.

¡Toda una complicación enviar a la cruz a los miembros del tribunal judío que condenó al Señor!

¿Qué hubiese podido hacer Herodes? Poco y nada conforme al sistema jurídico irregular que existía en Judea donde se toleraban ciertas prácticas *pro bono pacis* ante riesgos permanentes de sublevación y de invasiones por parte de las tribus árabes y de los temibles partos[67].

Esta situación exigía entonces cierta autonomía (por ej. el «privilegio pascual»).

8) EL MANTO Y LA LOCURA

¿Cómo fueron los hechos? Un cuerpo de guardia, al que se le unieron varios miembros del Sanedrín, condujo a Jesús al Palacio de Asmoneos, cercano al valle de Tyropeón, al oeste del Templo; es allí donde acostumbraba residir Herodes en Jerusalén quien ya pasaba los cincuenta años. En lo personal, era religiosamente indiferente. Amigo de grandes construcciones y mesas opulentas, su talento desaparecía cuando se apoderaba de él la pasión carnal.

El encuentro con Jesús merece una atención especial.

Según nos refieren los Evangelios, Herodes le hizo muchas preguntas al Señor invitándolo a que hiciera algún milagro delante suyo; pero Jesús enmudecía; sereno, imperturbable; sin hablar. Su

---

[67] Habitantes de Partia, antiguo pueblo ubicado al norte de lo que hoy es Irán.

silencio es aquí un silencio noble: lleno de grandeza y silencioso ante lo impúdico.

Los sacerdotes y escribas presentaron sus acusaciones, pero no hubo caso… Sólo en un punto se detuvo Herodes: en la pretensión de Jesús a la dignidad real, burlándose e insultando al Mesías de Dios.

- «¿*Tú eres rey?*».

Y haciéndole poner un vestido brillante (mostrando que era más digno de risa que de peligro) se lo devolvió a Pilato sin sacarle una palabra.

En lo que se refiere a las *espléndidas*, *llamativas* o *resplandecientes* vestiduras (así puede traducirse en griego *lamprán*), nos dice Ricciotti que «debían de ser una de aquellas vistosas indumentarias utilizadas en Oriente por personas de importancia en ocasiones solemnes. Puede que fuera alguna prenda de vestir, desgastada y que ya no estaba en uso, la que el tetrarca hizo traer para burlarse del procesado; un hombre en semejante guisa era motivo de risa y no ofrecía ningún peligro. La propia burla rechazaba ya de manera implícita las tesis de los acusadores, que hacían del procesado un revolucionario y un sacrílego» [68].

San Lucas no precisa el color de la vestimenta, pero una tradición antigua supone que era blanca (por eso la Vulgata latina emplea el término *alba*). Si realmente fue así, habría que entenderla casi como un signo de complicidad «latina» que Herodes Antipas, educado en Roma, envió al procurador pues ambos sabían que, un *candidatus,* era aquel aspirante a un cargo público que llevaba una toga *cándida* (blanca); era como si Herodes quisiera decir: «¡he aquí, con sus vestiduras correspondientes, el candidato a rey de los judíos!».

---

[68] Vittorio Messori, *op. cit.*, 112.

El investigador judío, Shalom ben Chorin, señala certeramente la atención dedicada por los Evangelistas a la vestimenta utilizada en la Pasión. A las vestiduras blancas de Herodes, se contraponen el rojo púrpura del manto colocado sobre los hombros del Condenado, por parte de los soldados de Pilato (Mc 15,17), para terminar, luego, con el despojo de las vestimentas antes de la crucifixión. Basándose en un estudio detallado de las fuentes judías, Chorin observa ciertos «indicios» relacionados con la comunidad esenia de Qumrán (los judíos que se habrían retirado a orillas de Mar Muerto, en espera del Mesías de Israel).

Al parecer, los esenios esperaban dos Mesías: uno sacerdotal y otro real siendo, en el ritual judío, el blanco y el rojo, los colores del rey y del sumo sacerdote respectivamente. En este punto, los Evangelistas se habrían dirigido indirectamente a los esenios mostrando que en Jesús se cumplía la expectativa mesiánica: Rey y

Sacerdote al mismo tiempo. El despojo y la desnudez previa a la Cruz indicaría luego la victoria del Mesías sufriente.

Pero el rabí de Galilea no será el único juzgado en esos días.

9) BARRABÁS

No fue Jesús de Nazaret el único detenido la víspera de aquella Pascua; había uno más muy conocido por todos al punto tal que San Juan nos dice que «*Barrabás era un bandido*» (Jn 18, 40), en griego la palabra utilizada era *lestés*, modelo para designar en Judea a los zelotes, «*guerrilleros*» o «*terroristas*» que luchaban contra la ocupación romana por la liberación política de Israel.

Blinzler da el matiz preciso y propone traducirlo por *agitador* e incluso *combatiente por la resistencia*, lo que implica claramente que era un preso político. Era alguien que había matado; no se trataba de un vulgar asesino, sino de un miembro de la resistencia que había ocasionado una muerte durante una insurrección: «*Se hallaba en prisión uno llamado Barrabás, con otros sediciosos que en un motín habían cometido un homicidio*» (Mc 15,7).

San Mateo, por su parte, dice que Barrabás era un «*preso famoso*» (Mt 27,16), alguien de quien los destinatarios de su texto habrían oído hablar (Mateo escribe para los judíos); en cambio, Marcos, que escribe para los cristianos que están en Roma y que poco y nada conocían del personaje, dice simplemente en griego que había un tal «*legómenos Barabbás*» ("uno llamado Barrabás"); nada más.

Todo hace pensar que los dos ladrones crucificados junto a Jesús, debían formar parte del *comando* guerrillero de Barrabás, aunque esto no es seguro. En aquel grupo de destinados a la muerte –no había otra pena posible para los delitos que se les imputaba– Jesús había tomado de forma inesperada el lugar de su jefe, Barrabás.

El carácter político de Barrabás queda también confirmado por su nombre: *Bar Abbas* significa en arameo, *Hijo del Padre*. Se trata de un apelativo mesiánico, de una especie de nombre de guerra, muy similar a los atribuidos a los jefes de las rebeliones contra los romanos, a la vez políticas y religiosas. También hay indicios históricos que avalan la tesis de que, el supuesto bandido – coincidentemente– se habría llamado *Jesús*, como lo señala el mismo Orígenes a partir de varios manuscritos del Evangelio donde se contenía el nombre completo: *Jesús Barrabás*. Más tarde se habría procedido a una eliminación del nombre «Jesús», como admite el propio Orígenes; pero todavía existen manuscritos fidedignos que así lo contienen[69]. Con el tiempo desaparecerá el primer nombre en las versiones neotestamentarias, posiblemente a raíz de que los primeros cristianos, no veían conveniente que un bandido llevara el nombre de Jesús.

Barrabás, por su parte, tenía el apoyo del Sanedrín, compuesto mayoritariamente por saduceos, colaboracionistas de los romanos y detestados por muchos, de allí que, al momento de tener que elegir entre la vida de Jesús o la suya, hasta los mismos saduceos lo apoyasen para ganarse el aplauso del pueblo, como señala Flusser: *«el único medio de evitar una revuelta era salvar al menos la vida de Barrabás, que, como luchador por la independencia, debía ser alguien muy querido por la multitud»*[70].

¿Pero qué pasó al regresar Jesús ante Pilato?

Tras su regreso de Herodes, Pilato debió reemprender el juicio, menos predispuesto que antes y convencido de que, si el mismo Antipas no había encontrado un cargo, menos lo haría él. Sin embargo, no tenía las agallas necesarias (¡cuánto puede el temor a

---

[69] La versión ecuménica de la Biblia por ejemplo, en el original francés, dice: «¿*A quién queréis que os suelte, a* Jesús Barrabás *o a Jesús, el llamado Cristo?*» (Mt 27, 17).

[70] VITTORIO MESSORI, *op. cit.*, 58.

perder un cargo!) para liberar al «galileo», por lo que dará un nuevo rodeo del cual ya no podrá salir.

10) Flagelación, escarnio y presentación al pueblo

«*Y Pilato tomó a Jesús y mandó azotarle*», dice escuetamente San Juan (Jn 19,1).

El último de los evangelistas utiliza el verbo griego *mastigóo*; San Mateo y San Marcos, por su parte, emplean el verbo *flagheóo*. Ambos son sinónimos y tienen el significado de *flagelar*. Se trataba de una pena aplicada en las provincias sólo a los no romanos (si se hubiese tratado de un ciudadano romano le hubiese cabido el azote con varas flexibles y, en caso de haber sido militar, con un bastón rígido). Tratándose de Cristo cupo el *flagellum*.

Ricciotti define este instrumento de castigo como «*un látigo recio con abundantes colas de cuero, de la que colgaban bolas metálicas o puntas afiladas* (escorpiones)»[71] y era ejecutado por los soldados con diversos fines:

- como instrumento inquisitivo (ej.: arrancar una confesión),

- como pena de muerte (pena especialmente militar),

- como un castigo independiente,

- o como preludio de la ejecución.

Dada la actitud de Pilato, es altamente probable que, haya querido usar dicha medida *para salvar a Jesús de la muerte*, utilizándola como pena independiente. El fundamento de lo dicho es claro: la pena que recibida por Cristo será severísima sin que ella llegase a la muerte.

---

[71] *Ídem*, 204.

Ningún delito justificaron los azotes, pero Pilato quería aplicárselos para suavizar los gritos de las turbas. Es el propio San Lucas quien da en la clave: «*Le corregiré y le soltaré*», nos dice (Lc 23, 16), mostrando cómo entendía la pena infligida. También en San Marcos la orden de la flagelación resulta un castigo distinto de la crucifixión que, además, lo precede. San Juan dice simplemente: «*lo tomó y mandó azotarle*», siendo claro que se trataba de una pena independiente, marcando incluso la separación real y temporal al decir con el adverbio temporal: «*Entonces… se lo entregó para que lo crucificasen…*» (Mt 27, 26).

Poder azotar a un hombre que se presentaba como rey de los judíos debió impresionar a los soldados y seguramente aprovecharon la ocasión para manifestar su desprecio hacia a aquél «representante» de los hebreos a quienes odiaban y despreciaban por estar en constante rebeldía.

Conforme al derecho romano, quien era entregado a los soldados para un castigo semejante, quedaba enteramente a merced de sus verdugos perdiendo no sólo el *status* de ciudadano romano –en el caso de que lo fuese– sino hasta la misma categoría de *persona humana*. Dice Ricciotti: «El que iba a ser flagelado era considerado como un hombre que había perdido su condición humana, una caricatura vacía de contenido y no protegida por la ley, un cuerpo sobre el que se podía herir a discreción» [72], lo que significaba que el castigo no estuviese limitado a un número determinado de golpes, a diferencia del judío que era bien preciso: treinta y nueve azotes, como recuerda San Pablo, «*cinco veces recibí de los judíos cuarenta azotes menos uno…*» (2 Cor 11, 24).

[72] *Ídem*, 205.

Amén de los azotes, los evangelios sinópticos (esto es San Mateo, San Lucas y San Marcos), se apresuran a advertir que fueron también los soldados quienes *entretejieron* una corona de espinas. Al respecto, señala Charles Guignebert, un experto francés, que existía en Palestina la vieja costumbre de encender el fuego con fajos de sarmientos procedentes de un arbusto llamado *Ziziphus*[73] (hoy conocido como *Spina Christi*), cuyas ramas estaban a mano de cualquier soldado (si bien sus espinas son tremendamente punzantes, pueden maniobrarse sus ramas porque las mismas se pliegan al contacto con la piel).

Azotado y coronado de espinas, quedaba aún algo más: «*le echaron por encima un manto escarlata*» (Mt 27,28), para significar burlonamente la vestimenta de un rey; el color del manto, desde un punto de vista histórico, es fácil de reconocer a partir de la obligación militar de llevar ese color al estar fuera de Roma (el *sagum*, precisamente un *manto escarlata*, era parte del vestuario castrense).

Es pertinente señalar que, si bien Marcos y Juan hablan de un *manto de púrpura*, los filólogos han demostrado que el término griego *kókinnos* (*escarlata*) se utilizó casi siempre para el color rojo en general. Blinzler señala que,

> «los soldados sabían que Jesús había dicho que era rey y por lo tanto, lo que hicieron fue burlarse de su realeza con una denigrante mascarada. Entre los distintivos de los reyes helenísticos vasallos de Roma estaban la clámide púrpura, el cetro y la corona de hojas de oro. Únicamente un rey soberano podía llevar la diadema, una tira frontal de lana blanca. Así pues, los soldados vistieron a Jesús con grotescas imitaciones de los tres distintivos reales»[74].

¿Tres distintivos reales?

Claro: estaba el manto, la corona y faltaba la caña que, según Mateo (Mt 27,29), le fue puesta en la *mano derecha* (detalle que hace pensar en un testigo ocular y en un hecho difícil de olvidar). Fue así como la soldadesca se mofó de Jesús saludándolo al igual de como se

---

[73] También recibe la cristiana denominación de *Spina Christi*.
[74] Vittorio Messori, *op. cit.*, 204-205.

hacía con el César: *Salve, rey de los judíos* –decían doblando sus rodillas (*proskínesis*) en señal de veneración, mientras lo escupían y golpeaban al hacerlo sentar en un «trono».

Pasada entonces la flagelación, Pilato decidió presentar al reo ante la multitud. «*Os lo traigo para que veáis que no encuentro en él ningún motivo de crimen*» (Jn 19, 4). «*¡Ecce Homo! –he aquí al hombre–* dijo» (Jn 19, 5), lo que equivalía a decir: «*¡Mirad qué clase de payaso queréis que tome en serio para mandarlo a la cruz como si fuera un auténtico peligro para Roma!*».

Es decir, apelaba a la misericordia como falacia[75]; queriendo demostrar su falta de peligrosidad pensando que, ante tal caricatura de hombre, el pueblo se persuadiría.

Cristo, en traje de «rey», más parecía un payaso que un criminal.

Y entonces, los sumos sacerdotes, incitando al pueblo (cfr. Mc 15,11) «*hicieron que todos gritaran: "¡Crucifícale! ¡Crucifícale!"*».

11) LA COSTUMBRE DE LIBERAR A UN PRESO PARA LA PASCUA

Con ocasión de la fiesta de la Pascua, era costumbre, que el pueblo pidiera la liberación de un prisionero: símbolo de la benevolencia romana en sus provincias ocupadas. Aquella solemne celebración recordaba otra liberación, la del pueblo hebreo de Egipto; así lo señala Louis Monloubou:

«El privilegio aparece como algo completamente lógico. Era el modo de participación del gobernador romano en la festividad pascual, contribuyendo así a disminuir la tensión político-religiosa, que en aquellos días podía alcanzar niveles preocupantes, y asimismo era una versión de la costumbre romana de rendir homenaje a las divinidades de los pueblos sometidos»[76].

---

[75] Dice el Dr. Camilo Tale a propósito del sofisma *ad misericordiam*: «Se apela al sentimiento de misericordia. Esta especie de falacia es muy común en la oratoria forense, cuando en vez de argumentarse acerca de la inocencia del reo, el abogado defensor busca provocar el sentimiento de lástima de los jueces, de los jurados o del público» (CAMILO TALE, *Sofismas*, Ediciones del Copista, Bs. As. 1996, 78 y ss.).
[76] VITTORIO MESSORI, *op. cit.*, 59.

Por su parte, Jean Pierre Lémonon reconoce el derecho de gracia concedido al pueblo con ocasión de la Pascua: «*era la ocasión para manifestar al mismo tiempo la fuerza del poder de Roma y su clemencia*»[77]. En la Judea del año 33, existía la costumbre –desde el tiempo de los amorreos- de liberar a un «preso político»; era por entonces el príncipe judío que, para calmar al pueblo venido de la diáspora a la ciudad, daba la libertad a uno indicando con ello un acto de concordia política y pacificando los negocios de quienes lucraban con el Templo[78]. Al pasar el tiempo esta práctica había pasado al derecho popular que, Roma respetaría *pro bono pacis*.

Viene al caso recordar, aquí –a fin de seguir con la ilación de los hechos– que el Derecho Romano conocía dos clases de perdón o amnistía: la *abolitio*, que implicaba la liberación de un prisionero «procesado» aún no condenado, que podía ser ordenada por un funcionario como el procurador de Judea y la *indulgentia*, que era el indulto de alguien ya condenado y que sólo podía ser otorgado por el emperador, el Senado o los altos funcionarios de aquellas provincias en las que no existía delegación explícita de los órganos imperiales. No era éste el caso de Pilato que, quien, como prefecto de Judea, era apenas un gobernante de segunda categoría y dependiente del legado de Siria.

Pilato estaba por entonces, en condiciones de conceder una simple *abolitio* aunque el pragmatismo romano hacía que los asistentes a determinados procesos tuviesen en cuenta también las *acclamationes* o planteos populares en vistas a evitar motines de la masa. Es esto último lo que vemos que sucederá el primer Viernes Santo de la historia al decir de San Marcos: «*Pilato, queriendo satisfacer al pueblo, les soltó a Barrabás*» (Mc 15,15).

---

[77] *Ídem.*

[78] Nos referimos aquí a la época de los *Jueces*, en la que hebreos y amorreos convivían pacíficamente en un mismo territorio (cfr. FRANCESCO SPADAFORA, *op. cit.*, 29).

Será justamente mientras Pilato piense qué hacer con el Galileo apenas devuelto por Herodes, que llegará la muchedumbre para hacer uso de su derecho popular: «¿*Queréis que os suelte al rey de los*

judíos?» (Mc 15, 9) les preguntará con ironía. Y todos preferirán a Barrabás [79].

- «¡¡¡*Crucifícale*!!! ¡¡¡*Crucifícale*!!!» –gritarían ante el asombro del romano.

- «*Qué mal ha hecho?*».

- «¡*Crucifícale*!» –fue la respuesta.

Mientras Pilato estaba sentado en su silla de juez recibirá el mensaje de su mujer, Prócula:

- «*No te metas con este justo, pues he padecido mucho hoy en sueños por causa de él*» (Mt 27, 19).

La situación no era fácil. Si ponía en libertad a Jesús, sería acusado de enemigo del César por los judíos:

- «*Si sueltas a ése, no eres amigo del César; todo el que se hace rey se enfrenta al César*» –le decían (Jn 19,12).

Pero si lo condenaba, sabía que cometía injusticia.

Por un lado, la alta traición contra el emperador era castigada con la deportación a una isla o la muerte en las fauces de las fieras del circo (para los que no eran ciudadanos la pena era la crucifixión).

Y Roma era Roma; y con Roma no se jugaba…

[79] El P. Castellani sostiene que la chusma del Viernes Santo no es el mismo gentío que aclamó al Redentor el domingo de Ramos. Esto lleva a conjeturar que el pueblo presente en el pretorio no era el pueblo que en su momento aclamó al Mesías, sino que bien podría tratarse de gentes pendencieras, algunos zelotes y los cabecillas del Sinedrio que se colocaron a la cabeza de aquella turba con el afán de lograr su cometido deicida. «Probablemente no era la misma gente que el Domingo de Ramos lo había recibido en Jerusalén con aclamación y palmas. El pueblo es variable en sus humores, inconstante y tornadizo. Las turbas o muchedumbres son esencialmente influenciables. Pero aquí no era la misma muchedumbre. Los amigos de Cristo, lo mismo que sus Apóstoles, estaban escondidos o apartados» (LEONARDO CASTELLANI, *El rosal de Nuestra Señora*, Epheta, Bs. As. 1979, 65).

Fue entonces cuando, pidiendo un poco de agua y en un gesto netamente ritual *viendo que nada conseguía, se lavó las manos, diciendo:* «Yo soy inocente de esta sangre», a lo que respondieron *«caiga su sangre sobre nosotros y sobre nuestros hijos».* Y dice San Mateo: *«y todo el pueblo judío»* (Mt 27, 25) pidió la crucifixión.

Pilato llevaba en Judea al menos cuatro años y conocía ya las costumbres judías. *El lavatorio de manos* era algo conocido entre todos: era el modo de reclamar su «inocencia» en el asunto, como dice el salmista: «Yo lavaré mis manos en la inocencia» (Sal 25, 6).

Y no sólo pronunció las palabras «exculpatorias», sino que – previendo que muchos de los judíos allí presentes no entendiesen el griego *koiné*, lengua franca por entonces en Judea–, realizó este gesto para que todo el mundo pudiese verlo, gesto conocido no sólo por los griegos –es mencionado por Herodoto– sino también por los romanos, figurando incluso en *La Eneida* de Virgilio.

12) LA CONDENA

«Tomadle vosotros y crucificadle, pues yo no hallo crimen en él», dijo Pilato (Jn 19, 6). En esta frase, cabe aclararlo, no debe entenderse que el procurador estaba cediendo la ejecución de la pena a los judíos; sus palabras más bien son una rabiosa negación a la exigencia judía.

- *«Nosotros tenemos una ley y según la ley debe morir, porque se ha hecho Hijo de Dios»* (Jn 19, 7) –le respondieron.

Llama la atención que por primera vez sacan a relucir ante Pilato la acusación de blasfemia, queriendo farisaicamente demostrar que no estaban movidos por odio o envidia, sino por «respeto a la Ley»…; es decir, por una cuestión religiosa.

Esta denuncia habrá causado mucha impresión en Pilato. ¿Por qué lo acusaban de una cosa y luego de otra? ¿Sería realmente alguien superior el Galileo?

Entonces lo llevó de nuevo al interior del Pretorio y le preguntó él mismo acerca del misterio de su personalidad:

- «*¿De dónde eres tú?*» (es decir, de qué origen, terreno o celestial).

Jesús no respondía, porque el misterio de su personalidad estaba abierto únicamente a los ojos de la fe.

Este silencio disgustó a Pilato:

- «*¿A mí no me respondes? ¿No sabes que tengo poder para soltarte y crucificarte?*».

A lo que Jesús intervino diciendo:

- «*No tendrías ese poder si no te hubiese sido dado de lo alto... Por eso, quienes me han entregado a ti tienen mayor pecado*» (Jn 19,10).

Pilato, romano como era, entendió perfectamente esta indicación acerca del poder como una respuesta indirecta acerca del origen de Jesús por ello, interrumpiendo el interrogatorio, decidió ponerlo en libertad. Pero nuevamente se encontró con una nueva presión política...

- «*Si sueltas a ése no eres amigo del César; todo el que se hace rey va contra el César*» (Jn 19, 12).

Con esta acusación, los judíos daban a entender que eran capaces de tomar en serio el asunto e informar al emperador, como ya lo habían hecho en otros casos. Si lo acusaban en Roma de haber dejado en libertad a un hombre que se hacía pasar por rey de los judíos, el César podía sospechar de su fidelidad y, entonces, hacerlo culpable de un delito de *lesa majestad*.

Entonces a Pilato le pareció más importante su cargo y, mandando sacar a Jesús del Pretorio, se subió al Tribunal y se sentó en su silla de juez para pronunciar la sentencia (Jn 19, 13)[80] en presencia del acusado con estas irónicas palabras:

- «*Ahí tenéis a vuestro rey*» (Jn 19, 14) - aparentando reconocer la condición real de Jesús, como si dijese: este traidor es vuestro rey..., vengándose así de la fingida fidelidad al César de los judíos.

- «*¡Quita, quita! ¡Crucifícale!*» –le gritaban.

Y la ironía seguía:

- «*¿A vuestro rey voy a crucificar?*».

Pero los judíos, entendieron sus palabras y continuaron con la farsa:

- «*Nosotros no tenemos otro rey que el César*» (Jn 19, 15).

Y sólo entonces anunció Pilato la pena adecuada al delito de *lesa majestad* con las palabras precisas.

- *Ibis in crucem* («irás a la cruz»).

Según san Marcos, Pilato *entregó* (a ellos, en dativo) a Cristo *«para que lo crucificasen»* (Mc 15, 15), no en sentido material, sino figurado, accediendo al deseo de los judíos (la misma fórmula es usada por Is 53, 6 y 12, viéndose así el cumplimiento de las profecías).

Las palabras de Pilatos se trataron de una verdadera sentencia de muerte en sentido estricto, pronunciada solemnemente y desde la silla del juez (sólo la pena de muerte debía pronunciarse sentado, mientras que las otras podían serlo de pie. Los considerandos estarán marcados claramente en el cartel que se colocará (de nuevo, con sarcasmo) en el patíbulo: *Jesús Nazareno, Rey de los judíos*.

---

[80] La expresión griega admite también el sentido inverso: «lo sentó a Jesús».

13) LA EJECUCIÓN Y LOS SOLDADOS ROMANOS

Los soldados «romanos» con que contaba Pilato en Judea, no eran del todo romanos: mientras los oficiales provenían, sí, de Italia, la gran parte de la tropa estaba compuesta por soldados auxiliares, reclutados de entre los sirios y samaritanos, pueblos hostiles a los judíos.

Hay especialmente dos episodios en que los soldados de Pilato aparecen nombrados expresamente: uno es en la flagelación y vejaciones de Jesús y otro en los preparativos para la crucifixión. Y esto por una razón sencilla y es que en las provincias sometidas al Imperio, eran ellos los que tenían a cargo la ejecución de las sentencias.

Así fue con la crucifixión: a falta de legiones, la tropa auxiliar de Judea estaba compuesta por cuatro soldados y un centurión (*quaternio militum*, cuarteto de soldados) reclutada de provincias romanas no judías.

Por su inmediatez y practicidad, el Derecho Romano, no contemplaba ninguna fase intermedia ante el terrible *in crucem ibis* pronunciado por el juez y la entrega a la flagelación menor previa (que tenía por fin agravar los padecimientos del reo, ocasionándole hemorragias y debilitamiento, como se hace con un toro antes de la corrida). Este sello de la flagelación servía para abreviar la agonía en la cruz que –según testimonios– podía prolongarse hasta tres días. Pero esta reducción de la agonía no se hacía por compasión hacia el condenado sino por la necesidad de no apartar por demasiado tiempo del servicio al piquete de soldados encargado de asegurar la permanente vigilancia del patíbulo.

Como en el caso de Jesús, por intereses «políticos», ya se había efectuado una furibunda flagelación, se le derivó enseguida al lugar de la ejecución (recordemos que los romanos y los antiguos en general no conocían las penas privativas de libertad salvo como preludio de otra mayor).

14) CARGAR LA CRUZ

«Al salir encontraron a un hombre de Cirene, llamado Simón a quien le obligaron a llevar la cruz» (Mt 27, 32).

Cirene fue una ciudad de Libia que desde el siglo IV antes de Cristo, era sede de una de las más importantes comunidades judías del Norte de África. Los *Hechos de los Apóstoles* nos informan que los de Cirene tenían una sinagoga en Jerusalén (Hch. 6, 9); más adelante nos narran la conversión de los cireneos al cristianismo siendo pioneros en la predicación del Evangelio a los no judíos (Hch. 11, 20).

Probablemente Simón fuese una persona de rango, un propietario de tierras puesto que según Marcos y Lucas *volvía de su granja* cuando fue interceptado. Estos propietarios de tierras aparecen de forma destacada en la comunidad cristiana de Jerusalén: «*Cuantos poseían campos o casas las vendían, traían el producto de lo vendido, y lo ponían a los pies de los apóstoles*» (Hch. 4, 34-35).

El encuentro con el Cireneo debió tener lugar al mediodía, en pleno mes de abril, cuando el ardor del sol todavía no resultaba insoportable y todos debían emprender el regreso a sus casas por ser ese viernes muy solemne, en vísperas de la Pascua (los rabinos aconsejaban finalizar los trabajos justamente a mediodía, unas horas antes del inicio del descanso sabático, para ocuparse en familia de los complejos preparativos de las ceremonias pascuales).

Detrás del condenado, como era habitual, se formaba un cortejo compuesto por un piquete de soldados que desfilaban por la ciudad delante de los curiosos, cumpliéndose así lo que decía Quintiliano[81]: *Se infligía esta pena* (la crucifixión)*, «más que para castigo del reo, para ejemplo y escarmiento de todos»*[82].

---

[81] *Marcus Fabius Quintilianus*: (¿35-96?) retórico hispanolatino nacido en Calahorra. Su amor al espíritu clásico le llevó a escribir sus *Institutiones oratoriae*, en las que defenestra la retórica rebuscada.
[82] Vittorio Messori, *op. cit.*, 155.

Ahora bien, la intervención de Simón fue parte del procedimiento judicial romano. Los *exactores morties* (soldados encargados de ejecutar la sentencia) tenían la facultad de obligar, en caso de necesidad, a quien ellos quisieran para secundarles en su tarea respecto de semejante trabajo forzoso[83]. Resulta, por tanto, adecuada la expresión técnica, o el término jurídico concreto empleado por Marcos *angareuousin* (Mc 15,21), que refiere a una *requisa legal romana*.

El investigador israelí, Salomón Sofrai, dice que «entre las prácticas más difundidas por las fuerzas de ocupación romana estaba la de exigir de los viandantes servicios humillantes en los días de las grandes fiestas judías». Flusser añade además que «para que esta humillación fuese todavía más sangrante, esos servicios se imponían, cuando era posible, a las personas de rango en Israel más que a los judíos corrientes»[84]. Por tanto, nada debería extrañar la figura de Simón de Cirene cargando la cruz a la par de Cristo.

15) LAS SANTAS MUJERES Y EL VINAGRE [85]

Únicamente San Lucas narra, luego del encuentro con el Cireneo, el episodio de las mujeres que consuelan a Jesús: «*le seguía una gran multitud del pueblo y de mujeres que lloraban y se lamentaban por él. Jesús volviéndose a ellas, les dijo: Hijas de Jerusalén, no lloréis por mí; llorad más bien por vosotras mismas y por vuestros hijos*» (Lc 23, 27-28).

En efecto, sabemos por fuentes judías que algunas damas pertenecientes a la nobleza se agrupaban con el fin de dar un poco de sosiego a los condenados en sus últimos momentos (costumbre que el cristianismo continuó con las *cofradías*); se trataba de un acto compasivo; son a estas *thygatéres Ierusalem*, a quienes se dirige

---

[83] Esta potestad de la soldadesca sería algo asimilable a una carga pública, como hoy en día se llama en ciencias jurídicas a la conducta personal e irrenunciable de un sujeto a favor del Estado, vgr.: ser presidente de mesa en un comicio o deponer como testigo a pedido de la fuerza pública, etc.

[84] VITTORIO MESSORI, *op. cit.*, 155.

[85] Para el presente punto remitimos al excelente libro del P. HORACIO BOJORGE, *En mi sed me dieron vinagre*, Lumen, Bs.As. 1999, 192 pp.

Jesús. El término «hijas», empleado en vez del de «mujeres» (que hubiera sido más apropiado) parece hacer referencia al nombre con que se conocía a aquellas *consoladoras* judías conocidas como: las *hijas de Jerusalén*.

Es ese mismo grupo de mujeres el que, con gran probabilidad, al llegar al lugar del suplicio, la daban *«vino mezclado con hiel»* (Mt 27, 34) o *«vino mezclado con mirra, pero él no lo tomó»* (Mc 15, 23) – según los exégetas, era la misma bebida que contenía ambos ingredientes– como un narcótico propio de los condenados a muerte que aliviaba el dolor del suplicio).

Y no sería la primera vez pues, ante la sed del Crucificado, los cuatro evangelistas narran que fueron los mismos soldados quienes intentaron darle a beber vinagre (cfr. Mt 27, 48) mojando una esponja que habría servido de tapa del *skéuos* (del que se habla en Jn 19, 29), vaso reglamentario de los soldados romanos donde llevaban la *posca*

(mezcla de agua y vinagre, indispensable para sobrevivir junto con el trigo).

16) LA CRUCIFIXIÓN

El suplicio de la cruz no fue un invento romano sino un sistema de ejecución que éstos habían tomado de los pueblos conquistados de Oriente pero que habían perfeccionado tanto que, con sólo verlo todos pensaban en Roma.

Este ignominioso tormento era aplicado sólo a quienes no fuesen ciudadanos romanos (de allí que San Pablo, por poseer dicha ciudadanía, no fuese crucificado sino decapitado) y los judíos sentían horror ante un tipo de pena tal, al punto que nunca la incluyeron en su legislación (por lo general el condenado a muerte moría por lapidación, atado o colgado de leño, según lo que se dice en el Deuteronomio (Deut 21, 23) y sellando con esto la maldición divina: *todo el que cuelga de un madero es maldito de Dios.*

Los judíos aplicaban esta frase a los crucificados [86].

[86] «La cruz era un suplicio atroz: ya el traspasar con clavos la delicada estructura huesosa de las manos y los pies, es algo diabólico; pero poner después el cuerpo suspendido y tirando por su peso desas cuatro heridas, es algo indecible. La cruz era un suplicio satánico. Satanás existe. La crueldad llevada a esos extremos no está en la condición natural del hombre. Hay en la historia del hombre muchas cosas que no son humanas (y que por cierto parece andan resucitando en nuestros días), que parecen indicar una inteligencia fría como el hielo y terriblemente enemiga de la natura humana. Esos suplicios atroces, la cruz, el empalamiento, el reventar los ojos o cortar las manos, habían sido inventado en el Oriente, en medio del culto de los ídolos, que era el culto de los demonios; no digamos nada de los sacrificios al dios fenicio Baal - Molock, en que se arrojaban niños vivos en un boquerón de bronce candente; con razón el pueblo de Israel tenía horror a los pueblos convecinos. Los Romanos al comienzo fueron un pueblo sobrio, sensato y sano; y eso los llevó a la grandeza; pero ya en tiempo de Cristo habían comenzado los sangrientos juegos del anfiteatro y habían tomado de los persas el suplicio de la cruz, prohibiendo empero se aplicara a ningún ciudadano romano. Más tarde cayeron más bajo, en las 10

En el sistema romano, el patíbulo de la cruz empleado tenía una forma «oficial» de *crux immissa* o *capitata* (de cuatro brazos) donde el soporte vertical cruzaba con otro (de allí el nombre de «cruz latina»). Sin embargo, existía también la *crux commissa*, con forma de «T», es decir, de simplemente tres brazos. Por último, estaba la *crux decussata* (en forma de «X», conocida hoy como la «cruz de San Andrés»), al parecer no utilizada por los romanos.

Independientemente de la forma de la cruz (*commissa* o *immissa*), el brazo vertical siempre recibía el nombre de *stipes* o *staticulum* y por lo general estaba sólidamente asentado en tierra –al menos en las ciudades del Imperio donde había tribunales– en el lugar destinado a las ejecuciones. En Jerusalén el lugar destinado para las ejecuciones estaba sobreelevado con el fin de que, en la capital religiosa de esa conflictiva provincia romana, todos pudiesen persuadirse de lo que les esperaba a los rebeldes.

Al brazo vertical se le unía el horizontal, conocido como *patibulum*, nombre derivado de la región de Lacio donde se utilizaba, para castigar a los esclavos, la barra de madera con la que se cerraba desde el interior la puerta de la casa (de allí que, quitada la barra, la puerta *patebat*, es decir, *"se abría"*). Era el propio condenado el que debía llevar su *patibulum* hasta el lugar de la ejecución, exigiéndolo así el procedimiento legal romano (era sólo ante la imposibilidad física que se buscaba una ayuda como la de Simón de Cirene).

Hay un indicio acerca de la manera de llevar la cruz que aparece en los Evangelios, luego de la Crucifixión; nos referimos a lo que Cristo le dice a San Pedro antes de Su Ascensión: «*cuando hayas envejecido, extenderás tus manos y otro te ceñirá y te llevará adonde tú no quieras*» (Jn 21, 18). En efecto, el *cruciarius* (condenado a la

persecuciones a los cristianos, que duraron tres siglos y fueron realmente satánicas. Después se quebró y pereció el Imperio de Julio César. "Eso no es Humano", decimos nosotros; y decimos más de lo que sabemos. No es bestial tampoco; es superhumano y superbestial» (LEONARDO CASTELLANI, LEONARDO CASTELLANI, *El rosal de Nuestra Señora*, 84-85).

cruz), al salir del tribunal o de la cárcel, tenía que extender sus brazos para que le fuera colocado el *patibulum* sobre sus hombros (en posición horizontal detrás de la nuca), quedando sus manos atadas al madero e impidiéndosele protección ante una caída al suelo.

17) EL REPARTO DE LAS VESTIDURAS

La historia viene en nuestro auxilio –una vez más– para corroborar el relato evangélico. Si bien es sólo San Juan quien nos habla de la *túnica* (los otros tres evangelistas las refieren implícitamente al decir que «echaron suertes» sobre las vestiduras), está demostrado históricamente que la ley romana concedía a los soldados ejecutores de la pena capital *el derecho de apropiarse de las prendas del condenado*. Nos referimos a la *spolia* o *pannicularia*, instituto que, avanzados los años, sería regulado de manera más casuística, atento a que los derechos de apropiación solían derivar en verdaderas riñas entre la soldadesca[87] (el emperador Adriano debió poner un límite atribuyendo al erario público los posibles objetos de valor del condenado o estableciendo que todo debía destinarse a un fondo común).

El episodio de «jugarse» las vestiduras resulta también conforme a las costumbres romanas y a las actuales excavaciones arqueológicas de donde las guarniciones romanas existieron. En efecto, hoy en día puede verse todavía la existencia del «juego de las suertes» (también llamado «juego del rey») que era utilizado por los soldados romanos para matar el tiempo, jugado normalmente con dados de hueso, piedra o arcilla. Entre los descubrimientos de época reciente, uno de los más importantes al respecto es un grabado del *lithóstrotos*, patio donde Jesús fue condenado a muerte y en el que se encontraban también los soldados que le crucificaron.

En cuanto a la prenda o *túnica* de Jesús, se trataba de una prenda interior, una especie de camisa que llegaba hasta por debajo de las rodillas; el resto de la vestimenta de Jesús sería un manto, un cinturón, unas sandalias y probablemente un paño frontal para sujetar la cabellera e impedir que el sudor recayera sobre los ojos. San Isidoro

---

[87] Cfr. JOSÉ LUIS ZAMORA MANZANO, *La administración penitenciaria en el derecho romano*, Dykinson, Madrid 2015, 83.

de Pelusio, ya hablaba en el siglo IV que las especialidades artesanales de la Galilea de entonces eran precisamente las túnicas *«sin costura tejidas todas ellas de arriba abajo»*[88].

En torno a la inscripción *INRI*, conviene recordar las coincidencias y diferencias que presentan los cuatro textos evangélicos.

Mt 27, 37: *«sobre su cabeza pusieron escrita la causa de su condena: Este es Jesús, el Rey de los judíos»*.

Mc 15, 26: *«El título de su acusación estaba escrito: El rey de los judíos»*.

Lc 23, 38: *«Había también una inscripción sobre él: Este es el rey de los judíos»*.

Jn 19, 19-22: *«Pilato escribió también una inscripción y la puso sobre la cruz. Estaba escrito:* "Jesús Nazareno, Rey de los judíos". *Muchos judíos leyeron esta inscripción, porque el lugar donde Jesús fue crucificado se hallaba cercano a la ciudad. Estaba escrito en hebreo, en latín y en griego. Decían a Pilato los pontífices de los judíos:* "No escribas: 'Rey de los judíos', *sino que él dijo:* 'Yo soy el Rey de los judíos'». *Pilato respondió:* "Lo que he escrito, he escrito"».

Del análisis del texto sagrado surge que Mateo emplea la palabra griega *aitía*, *causa*; mientras que Marcos usa el término *epigrafé tes aitías,* literalmente, *la inscripción de la causa*; por su parte, Lucas habla de *epigrafé*, *«la inscripción»*; mientras que San Juan se refiere al *títulos*, simplemente el *título*[89].

---

[88] VITTORIO MESSORI, *op. cit.*, 212.

[89] En el caso de Juan, llama la atención que *títulos* no sea una palabra griega sino que es la traducción literal de la expresión técnica en latín para designar un objeto en cuestión, *títulus*. El cuarto evangelista traduce para sus lectores directamente del latín el nombre del objeto tal y como lo conocían los romanos y como sin duda debió de ser denominado por los ejecutores de Jesús, empezando por el propio Pilato.

En dicha tablilla se indicaba la *causa poenae*, es decir, «la causa de la pena». En el caso de Jesús, lo común a los cuatro Evangelios, es la expresión «rey de los judíos», mientras que el resto de las palabras difiere en pequeños detalles; las variantes de estos textos, sin embargo, sirven justamente para comprobar su veracidad.

En la narración evangélica del proceso, se presentan las motivaciones políticas como un engañoso pretexto del Sanedrín, acusándolo de hacerse rey cuando la verdadera causa no era otra que la condición de Mesías, como señala Benoit:

> «Pudo apreciarse perfectamente durante el proceso que fue esta causa, la supuesta pretensión de Jesús a la realeza, la que los judíos alegaron ante los romanos, aunque en realidad la verdadera causa estaba en que se presentase como Mesías e Hijo de Dios, algo que les resultaba intolerable. Pilato se dio cuenta enseguida de que la acusación política era únicamente un pretexto, que no estaba ante un revolucionario político, pero acabó cediendo a las pretensiones de los judíos. Justificó con esta *"causa"* la condena de Jesús y la mandó escribir sobre el rótulo porque era la única que podía registrar en sus archivos y comunicar al emperador: «el acusado ha sido identificado como el rey de los judíos» [90].

Paradójicamente lo escrito no resulta contradictorio con la causa primigeniamente alegada por los jerarcas judíos; Jesús es el Mesías, el Hijo de Dios y, justamente por ello, el Rey de los Judíos.

En cuanto al carácter trilingüe del *títulus* era algo común en los carteles públicos de la zona para la época. Como narran los evangelistas, el *INRI*, estaba escrito en hebreo (la lengua culta local), en latín (la lengua de la administración de las fuerzas ocupantes) y en griego (lengua franca y común de todo el imperio romano de oriente, utilizada en todos los intercambios comerciales, contratos e incluso procesos jurídicos).

---

[90] Vittorio Messori, *op. cit.*, 257-258.

El lugar de las ejecuciones, el Gólgota o monte de calaveras[91], estaba fuera de la ciudad, pero no muy lejos (Jn 19, 20). En el Derecho

[91] Con la expansión de la ciudad, al construir Herodes Antipas el tercer muro quedó dentro y hoy día en el centro mismo de la ciudad. Dice Monseñor Straubinger en su comentario a Jn 19, 17: «"El Cráneo": eso quiere decir el Calvario: lugar de la calavera. Según la leyenda judía, es el lugar donde fue enterrado Adán. Estaba fuera

Romano, todas las penas –y en particular la de la crucifixión, en la que el condenado era expuesto en un lugar público junto a las murallas hasta consumirse en la cruz– tenía además de un carácter punitivo, una función de escarmiento hacia aquellos que se hubiesen sentido tentados de cometer el mismo delito. Esto explica que la *epigrafé tes aitías*, la inscripción de la causa fuera obligatoria.

En la comitiva que marchaba hacia el lugar de la ejecución, el condenado llevaba el rótulo (que debía pintarse de blanco y con las letras en rojo o en negro para que fuera más visible) sobre la espalda o el pecho, o bien lo portaba un soldado que precedía al condenado. Una vez que era alzada la cruz, recién ahí se clavaba el rótulo en palo vertical, sobre la cabeza del condenado, para asegurar su completa visibilidad.

Esto mismo es confirmado por el texto griego: Mateo emplea el adverbio *epáno*, *sobre*, la cabeza de Jesús; Marcos usa *epígrafe*, y precisamente, *epí* también significa *sobre*; Lucas utiliza también el *epigrafé*, aunque concreta más al decir *sobre él*; y por último Juan dice *epí*. Llamativa coincidencia de los evangelistas que nos indica la ubicación exacta y visible del letrero *INRI*.

Otra verdad histórica que suele pasar inadvertida, es la respuesta de Pilato a las protestas de los *pontífices de los judíos*: *o ghégrafa, ghégrafa, "lo que he escrito, he escrito"*. No estamos ante un enfado o capricho del procurador, sino ante un requisito legal. Sebastián Bartina, un biblista español, encontró en Apuleyo[92] un pasaje esclarecedor: «La tablilla del procurador contiene la sentencia, a la cual, una vez leído, no se puede añadir ni suprimir una sola letra porque tal y como es proclamada, pasa a formar parte de los documentos jurídicos provinciales»[93]. Por tanto, desde el punto de

de la ciudad; sólo más tarde el sitio fue incorporado a la circunvalación. Hoy forma parte de la Iglesia del Santo Sepulcro».

[92] *Lucius Apuleius*: escritor romano del siglo II, de cuya obra solo se conserva el relato alegórico *El Asno de oro*.

[93] VITTORIO MESSORI, *op. cit.*, 260.

vista legal, lo escrito estaba escrito, y ni siquiera las protestas de las principales autoridades judías podían llevar al juez a modificar la causa de una sentencia que, tal y como había sido pronunciada, era depositada en los archivos locales e imperiales [94].

En la basílica romana de la *Santa Cruz de Jerusalén*, y juntamente con otras importantes reliquias de la Pasión, se conserva el que, según la tradición sería el mayor de los fragmentos del *titulus* de la cruz. Mide 23 x13 cm., lo que da idea de su importancia teniendo en cuenta que las medidas debieron ser de aproximadamente 65 x 20 cm.

18) FRACTURA DE PIERNAS Y LANZADA

El *crurifragium*, o fractura de piernas, fue un acto despiadado llevado a cabo por los soldados para acelerar la muerte de los dos crucificados junto a Jesús, *para que no quedaran los cuerpos en la cruz el sábado*, nos dice San Juan (Jn 19, 31). Sucede que los crucificados, estando como estaban en esa dolorosísima posición, para poder respirar debían apoyarse sobre sus propios pies clavados para poder tomar aire, de allí que, para acelerar la muerte, muchas veces se les rompiesen las rodillas sobreviniendo así la asfixia.

Fue así que se nos dice de Jesús, que «*al ver que ya había muerto, no le quebraron las piernas, sino que uno de los soldados le traspasó el costado con la lanza...*» (Jn 19, 33-34) *lónke autou*, con su lanza, dice el original griego. Sabemos que la *lónke*, lanza con punta de hierro, formaba parte de la dotación de las tropas auxiliares en las provincias romanas. Luego vendrá la sepultura.

---

[94] Otro detalle no menor alentó la protesta de los sanedritas. Dice Shalom ben Chorin, gran conocedor de las cuestiones judaicas: «Si traducimos al hebreo la inscripción de la cruz, descubrimos que con las iniciales de cada palabra se puede hallar una alusión al tetragrama del nombre de Dios, las cuatro consonantes de Yahvé: YHWH (...) La camarilla hostil a Jesús protesta contra la inscripción no sólo por la forma en que proclamaba, aunque fuera irónicamente, la dignidad real de Jesús, sino porque conllevaba también la profanación del tetragrama divino» (*idem*, 261).

19) ANTE-COLOFÓN: LA RESURRECCIÓN DE CRISTO Y UNA NUEVA TRADUCCIÓN

Vittorio Messori, en su libro titulado «Dicen que ha resucitado» (la continuación de «¿Padeció bajo Poncio Pilato?»), ha sacado del olvido una obra del padre Antonio Persili[95], sacerdote italiano de Tívoli y gran conocedor del griego bíblico que estudió durante años los siguientes pasajes evangélicos acerca de la Resurreción:

> «Corrían los dos juntos, pero el otro discípulo corrió por delante más rápido que Pedro, y llegó primero al sepulcro. Se inclinó y vio las vendas en el suelo; pero no entró. Llega también Simón Pedro siguiéndole, entra en el sepulcro y ve las vendas en el suelo, y el sudario que cubrió su cabeza, no junto a las vendas, sino plegado en un lugar aparte. Entonces entró también el otro discípulo, el que había llegado el primero al sepulcro; vio y creyó» (Jn 20, 4-8).

La pregunta que se hacía Persili (y que nos hicimos nosotros más de una vez) era: ¿qué es lo que había visto San Juan para que le llamara tanto la atención al punto de llegar a creer? ¿Un simple par de lienzos? ¿Por qué no creyó, más bien, que se habían robado el cuerpo del Señor?

Con la finalidad de resumir su trabajo, presentamos un resumen de su planteo como ante-colofón de nuestro trabajo.

El Cuerpo del Señor había sufrido una muerte violenta por lo que, según la ley judía, no podía ser limpiado antes de su sepultura. La unción y la preparación se haría entonces sobre sus heridas y costras que habían dejado sus tormentos. Para ello era necesario:

---

[95] ANTONIO PERSILI, *Sulle tracce del Cristo risorto: con Pietro e Giovanni testimoni oculari*, C.P.R., Tivoli 1998, 255 pp.

a. Treinta y dos kilos setecientos gramos de «aromas»: mezcla de mirra y áloe, traída por Nicodemo, con las que se aromatizaría no sólo el cuerpo, sino también las paredes del sepulcro, según la antigua usanza.

b. Un gran lienzo, doblado, desde los pies a la cabeza, dando la vuelta y volviendo por detrás hasta los pies: su tamaño es de 4,40 por 1,20 metros (esta es la Santa Síndone que se encuentra hoy en Turín).

c. Vendas: luego del lienzo doblado, se recubría al difunto con «cintas» o «vendas» (de la misma tela que el lienzo), alrededor del cuerpo como si fuera una momia. ¿Con qué finalidad? Pues para impedir la rápida evaporación de aromas y perfumes.

d. Dos pañuelos o lienzos: uno para la mandíbula y otro para cubrir su cabeza.

Pues bien: ¿Qué fue lo que vio San Juan?

El Evangelio narra que San Juan vio «las vendas y los paños» pero no el Cuerpo. Las vendas (*othónia*) estaban extendidas (*keímena*, en griego; en latín el verbo es *iacere*, como si dijésemos «yacientes»), es decir, «tumbadas, en posición horizontal».

Y entonces creyó... Ahora: ¿bastaba eso para creer? Pues creemos que no.

Vayamos entonces a las fuentes originales entonces.

Las traducciones comunes del Evangelio atribuyen a San Juan casi la misma palabra para tres verbos distintos, cuando el mismo Evangelista se encarga de colocar verbos distintos para cosas distintas.

San Juan, al llegar a este pasaje, utiliza tres acciones: *blépei, theórei* y *eíden*..., que significan respectivamente: *constatar con perplejidad, contemplar* y *"ver plenamente"*, para así comprender y creer.

Pero, ¿qué vio?

Antes que nada hay que recordar que el sudario exterior, ese pedazo de tela que se encontraba sobre la cabeza de Cristo (de unos 60 x 80 centímetros) no era el único, como decíamos. Había un segundo paño que iba desde el mentón hasta la cabeza (por eso San Juan especifica de qué sudario se trataba: «el sudario que cubrió su cabeza») que se utilizaba para que la boca del difunto no se abriese, causando así la impresión de sus familiares durante el velatorio judío.

El lienzo al que se refiere San Juan fue el sudario o pañuelo que cubría el rostro y la cabeza del Señor Cristo. Éste, no estaba extendido como las cintas (en posición horizontal), sino *enteyligménon* (que se ha traducido normalmente por «plegado», que viene de *entylísso* que corresponde al verbo *envolver*) es decir, *envuelto*. El Evangelio narra que se encontraba *chorís,* que es un adverbio; este *chorís,* habitualmente es traducido como «aparte», pero tiene un sentido doble: uno *local* y otro *modal,* por lo que perfectamente puede ser traducido como «diferentemente» o «al contrario», o «de diversa manera».

Este último sentido tiene más lógica para el contexto y para comprender mejor lo que sucedió con la Santa Síndone.

Por ello, cuando habitualmente en las traducciones se lee:

> *«vio el lienzo, no como la síndone, sino en otro lugar...»*

Debería leerse:

> *«no como la síndone, "sino" ("alá") "diferentemente" o "de un modo diverso..."»* (*chorís*).

El Evangelio sigue diciendo en nuestras traducciones habituales, que vio el lienzo... «en otro lugar...». En griego: *«eis éna tópon»,* inicialmente, «en un lugar» (traducción literal).

Pero en vez de traducir *tópon* como «lugar», sin problemas podría traducirse también como «diferente posición» (esta acepción la trae, por ejemplo, el conocido *Dizionario* de Lorenzo Rocci).

Eis puede también traducirse, aparte con el número «uno» como *único,* es decir, «en una posición única». En el famosísimo diccionario *Kittel* de lengua griega, acerca de la voz *eis* se lee: «En el N.T., la voz *"eis"* es usada raramente como numeral. La mayor parte de las veces significa "único", "incomparable", o bien, "dotado de validez única"».

101

Entonces, resumiendo, siguiendo la traducción de Persili, el sudario, «estaba envuelto en una posición única», como desafiando la gravedad, como si fuese un envoltorio pero ¡sin lo que debía envolver! ¡Y es esto lo que llama la atención a San Pedro y a San Juan!

Y…: ¿Cómo pudo ser eso?

Según los científicos de la NASA que estudiaron la Santa Síndone de Turín, el fenómeno de la Resurrección se dio por medio de un gran golpe de calor, o bien por una gran radiación. Vuelta el alma al cuerpo de Cristo, el fenómeno de la radiación «quemó» la Síndone que cubría el cuerpo de Cristo y luego, desaparecido el Cuerpo (ya que era impasible) dejó las «huellas».

La tela que lo había envuelto, mucho más pesada que el simple paño que se encontraba sobre su rostro, cayó por la propia acción de la ley de gravedad, lo mismo que las vendas que quedaron «extendidas»; sin embargo, el sudario (pañuelo) que se encontraba sobre su rostro, mucho más ligero y pequeño y, por así decirlo, «almidonado» por el desecado de los aromas líquidos, al recibir el golpe de calor de la Resurrección, quedó «por el contrario» (*chorís*) «envuelto», en una «posición singular» o «única» (*eis*), como envolviendo algo que ya no estaba…

Y es esto lo que llamó la atención de los apóstoles. Llegamos entonces a la traducción final del texto joánico según el padre Persili, que podría colocarse así:

> «*Juan, inclinándose, advirtió que las cintas estaban extendidas, pero no entró. Llegó entretanto Simón Pedro que lo seguía y entró en el sepulcro y contempló las cintas extendidas y el sudario, que había estado sobre la cabeza, no extendido con las cintas, sino por el contrario, envuelto en una posición singular. Entonces entró también el otro discípulo, el que había llegado el primero al sepulcro; vio y creyó*» (Jn 20,4-8).

Vale la pena entonces conocer este planteo.

Conclusión

Sabemos que, una vez venido Cristo, sin Cruz no hay redención.

En el proceso jurídico de Cristo se pueden y se deben diferenciar bien los diversos planos de responsabilidad.

Una cosa es *la causa final y teológica* de la pasión de Jesús (la salvación de la humanidad a causa del pecado) y otra *la causa eficiente histórica* que la ejecutó (los judíos por medio de Pilato); no hacer esta distinción hace que uno a veces termine confundiendo los planos, como lo hace uno de los autores a quien hemos seguido al decir: *...deberíamos declararnos culpables a nosotros mismos, pues el pecado es humano y no judío ni romano*[96].

Las siete palabras de Jesús en la cruz –palabras dichas conscientemente al Padre Celestial– así lo atestiguan: «*Padre, perdónalos porque no saben lo que hacen*» (Lc 23,34); Nuestro Señor no maldijo, sino que pidió perdón para sus verdugos y los causantes de Su muerte, pero no por ello los exculpó.

Aunque suene «históricamente incorrecto decirlo» no podemos sino recalcar con Cristo que la principal responsabilidad recae sobre los cabecillas del pueblo elegido: «*El que me ha entregado a ti tiene mayor pecado*» (Jn 19, 11). Y si se le llama homicida a quien asesina a un hombre, debe llamarse deicida a quien asesina a Dios[97].

Y son ellos los deicidas quienes podrían ser divididos en dos grandes clases: los miembros del Sanedrín, por un lado y la masa del pueblo por otro: «*es tu nación –decía Pilato– y los pontífices quienes te han entregado a mí...*» (Jn 18, 35).

---

[96] Josef Blinzler, *op. cit.*, 364.
[97] Sobre el tema del deicidio, véase principalmente el excelente libro del padre David Núñez, *Los deicidas*, Organización San José, Bs.As. 1968, 135 pp.

En cuanto a los jefes y *toda la clase dirigente del Sanedrín*, veían en la popularidad de Jesús un peligro para su propia autoridad. Especialmente los saduceos creían que, si continuaba creciendo el movimiento del Galileo, una intervención romana podía acabar con la relativa «independencia» que conservaba la nación. Por parte de *la plebe* –esa masa ingente que se presentó el Viernes Santo– se hizo solidariamente responsable *de los dirigentes*, de allí que su culpa sea menor, pero culpa al fin.

San Mateo dice que *«todo el pueblo gritó: que su sangre caiga sobre nosotros y sobre nuestros hijos»* (Mt 27, 25). ¿A quién se refiere el evangelista –que escribe para los hebreos– cuando dice *todo el pueblo*? ¿Acaso a *algunas personas*, a la *mayoría*, o a alguna *minoría*? La Escritura es clara y precisa, dice *todo* el pueblo, por lo que debe entenderse como la inmensa mayoría. Si era una *masa de gente* (*pas jó láos*) ante la cual se lavó las manos y apenas pudo ser contenida por una legión de aproximadamente 500 soldados resulta evidente que se trataba de una *multitud importante* y no de «algunos» pocos judíos...

Las palabras «caiga su sangre sobre nosotros y sobre nuestros hijos» corresponden a una expresión judía (2 Sam., 1, 16; 3, 29; 14, 9; Jer., 28, 35; Hech., 18, 6) y quieren decir: «La responsabilidad y la culpa caigan sobre nosotros y sobre nuestros hijos»[98].

En fin, riesgos de la democracia...

Cabe decir también que junto a los judíos naturalmente es responsable Poncio Pilato al mandar a azotar al acusado –a pesar de estar convencido de su inocencia– y sentenciarlo a muerte. Debemos tener en cuenta que es el único juez de la historia que declaró inocente a Cristo y en varias oportunidades: *«Yo no encuentro en él ningún motivo que sea digno de muerte»*. Luego, por segunda vez, les declaró la inocencia: *«Vosotros me habéis traído a este hombre como*

---

[98] Cfr. JOSEF BLINZLER, *op. cit.*, 275.

excitador del pueblo a la revuelta; yo lo interrogué delante vuestro y yo no encuentro en él motivo alguno de los crímenes de que vos lo acusáis; ni Herodes tampoco, pues él me lo ha reenviado. Vosotros lo veis, nada que merezca la muerte ha sido probado contra él». Todavía otra vez más es declarada su inocencia cuando, después de que los judíos le pidiesen la libertad de Barrabás y la muerte de Jesús, el procurador les replicó: «*¿Pero qué mal ha hecho? Yo no encuentro en él motivo alguno de muerte».* Por fin, pidió agua y lavándose las manos delante de los judíos dijo: «*Yo soy inocente de la sangre de este justo, a vosotros os toca responder».*

Como atenuante podemos decir que Pilato actuó bajo presión de los fanáticos judíos, incluso el Evangelio nos dice que actuó *lleno de temor* y en otro momento que lo mandó azotar *con la intención de salvarle.* Además en su proceder contra Jesús no obra *por propio impulso* o *por envidia* como los judíos, sino en vistas de conservar el poder.

Concluyendo, hay una participación jurídica y formal tanto de judíos como de romanos en la ejecución de Jesús. Fueron ambos grupos los que cumplieron con el misterio de la muerte del Justo, por la cual nos vino la salvación.

Como colofón a este trabajo, quisiéramos terminar citando al gran Padre Leonardo Castellani, que remata el asunto de marras con su genial poder de síntesis:

> «Estos días me leyeron un párrafo del Cardenal Bea acerca de los que mataron a Cristo: dice que no el pueblo judío, sino algunos funcionarios judíos mataron a Cristo; pero esos mismos no pueden llamarse "*deicidas*" porque no sabían que Cristo era Dios. Con todo respeto, podemos advertir que no sabían lo que era Cristo, pero debían saber; otra cosa sería hacer agravio a Cristo; o sea, pensar que todo un Dios se hizo hombre con el fin de revelarse a los hombres; y no fue capaz de probar que era Dios; ni siquiera a los que lo rodeaban y eran los jefes religiosos de la religión verdadera. No: lo que siempre ha creído y enseñado la Iglesia es que los fariseos, y sus secuaces –una

parte del pueblo judío asesinaron al Mesías; y si ignoraron que lo era, esa fue *"ignorancia culpable"* y por tanto, el delito es imputable. *"No saben lo que están haciendo"*– dijo Cristo en la cruz. Sí, pero antes dijo: *"Padre perdónalos"*; y si se pide un perdón, hay un delito; y por cierto un delito enorme. El Cardenal se queda con el *"No saben lo que hacen"*; y se deja el *"Perdónalos"* porque para él no hay nada que perdonar. Los judíos todavía no lo han crucificado»[99].

---

[99] LEONARDO CASTELLANI, *Domingueras Prédicas I*, Jauja, Mendoza 1997, 148.

ANEXO: Posible sucesión cronológica del proceso de Cristo

(Marzo del 782 de la era romana)

1) Proceso Religioso ante el Tribunal Judío:

Vísperas del jueves 13: por la noche (viernes para los judíos).

† Prendimiento y arresto de Jesús en el Huerto.

† Conducción ante el sumo pontífice Anás: interrogatorio sobre sus *discípulos y su doctrina*, bofetada.

† Negación de Pedro en el patio interno del Palacio (alrededor de las 3.00 hs.).

† Reunión de todo el Sanedrín presidido por Caifás: interrogatorio sobre su pretensión de mesianidad, acusación de falsos testigos, declaración de Jesús sobre su divinidad, Caifás rasga sus vestiduras.

Viernes 14: de la segunda semana de Nisan.

† Al amanecer (6.00) conclusión de la sesión del Sanedrín, todos sentenciaron la muerte de Jesús por el delito religioso de «blasfemia»; lo escupieron, velaron su rostro y lo abofetearon. Luego lo condujeron al pretorio.

2) Proceso político ante el Tribunal Romano:

† Entrega de Jesús a Poncio Pilato. Acusación sobre la pretensión de ser Rey y ampliación de tres cargos por delitos políticos (*subleva al pueblo desde Galilea, impide pagar tributo al César* y *se dice Rey de Israel*).

† Jesús ante Herodes Antipas: discusión sobre la competencia o jurisdicción por el lugar donde se han cometido los supuestos delitos.

Interrogatorio, acusación de los sumos pontífices, silencio de Jesús, burlas. Devolución del Reo a Pilato con un manto *resplandeciente*.

† Vuelta a Pilato. Liberación de Barrabás.

3) Flagelación:

† Escarnio: Jesús es azotado. Coronación de espinas, manto púrpura y cetro; bofetadas y presentación al pueblo: *Ecce Homo*.

† Presión y gritos de la muchedumbre. ¡*Crucifícalo*! Pilato busca liberarlo pero los judíos gritan: *no eres amigo del César*.

† Sentencia de muerte de Pilato (según San Juan, poco antes del mediodía – 12.00 hs.–).

† Poco después del mediodía: Jesús carga con la Cruz, luego, ejecución en el Gólgota. Reparto de las vestiduras.

† Inmediatamente después de las 15.00 hs.: muerte de Jesús, comienzo de los preparativos para su sepultura (trámites de José de Arimatea –le llevaron, quizá, dos horas–).

† Por la tarde, alrededor de las 18.00 hs.: conclusión de la sepultura.

ÍNDICE

Se terminó de imprimir el
5 de Abril de 2019
Festividad de San Vicente Ferrer

Made in the USA
Columbia, SC
21 January 2025

52186360R00067